医師がハッピーリタイアするための 不動産投資成功バイブル

著
古川晃
Hikaru Furukawa

監修
白岩克也
Katsuya Shiraiwa

幻冬舎MC

医師がハッピーリタイアするための不動産投資成功バイブル

装丁・本文デザイン　井上新八
カバー写真　ゲッティ イメージズ

はじめに

毎日が忙しく、仕事が過酷でつらい――これは多くの医師たちの実感でしょう。週の平均労働時間は、30代前半の男性勤務医で80時間、5日間で割ると1日16時間にも及びます（厚生労働省）。また、夜勤に出てそのまま翌日も勤務する36時間連続勤務も当たり前。厚労省が定める過労死水準は週40時間の労働ですから、明らかに過重労働です。しかも、超高齢化に備えるために日本の医療制度は大きな改革が進められており、それに対応するための負担も医師たちに重くのしかかってきています。

その分高額な収入を得て経済的に満足しているかというと、決してそうではありません。２０１４年度の医師の平均年収は１１５４万円と高額ですが、あくまでも平均なので年収６００万～７００万円ほどの医師も数多くいます。近年は税負担も一層重くなっており、実際の手取りはさほど多くは残りません。また、日本の人口が減少するなかで患者数も減ることが確実視されているため、医師の所得は今後大きく増えることは期待できないでしょう。

もちろん、高い志を持ち、医療のためならどんな犠牲も厭わないという医師もいましかし、休みも満足にとれず、家族と一緒に過ごす時間もないという状況から脱したいと思うのも自然なことです。

こうしたなかで早期に将来の資産を築き、働きづめの医業からのハッピーリタイアを考える医師も多くいます。しかし、多忙な医師が働きながら資産形成を成功させるのは容易ではありません。まず超低金利の昨今は預貯金をしていても利息はほぼゼロです。かといって株やFXなどへの投資で資産を増やそうとしても、現実的ではありません。価格変動が大きく、日々相場を追いかけて情報を仕入れ続けなければ安定して利益を得ることが難しいため、多忙な医師にとってはリスクが高すぎるのです。

では、医師がリスクを抑えて確実に資産形成し、ハッピーリタイアを実現するためには、どうすればよいのでしょうか。

私はこれまで長年にわたって、行政書士としての枠を超え、医療法人設立を軸としながら、医師や歯科医の方々の資産形成をお手伝いしてきました。

その経験から断言できるのは、不動産投資であれば多忙な医師でも早期の資産形成を成功させることができ、さらに資産管理法人を使えば50代、40代でのハッピーリタイアも決して夢ではないということです。

本書では、不動産投資が忙しい医師に向いている理由、賃貸経営で安定した収益を確実に獲得するための秘訣、資産管理法人の活用ポイントなどを詳しく紹介しています。また、不動産投資と資産管理法人は、資産形成のみならず節税手段や相続・事業承継対策としても活用することができます。その具体的なノウハウや注意点についても分かりやすく解説しています。

引退した後、お金に困らない充実したセカンドライフを楽しむために、本書が多少ともお役に立てれば、これに勝る喜びはありません。

医師がハッピーリタイアするための

不動産投資　成功バイブル

目次

CONTENTS

Contents

第2章

株式投資・投資信託・太陽光発電投資……

医師は投資ビジネスの格好のカモ

Contents

Contents

第4章 ライフプランと目標資産額の設定から始める
ハッピーリタイアを実現する投資計画のポイント

第5章 リタイア後の不安をゼロにする

税金・相続・事業承継対策に効果絶大な「法人設立」

Contents

本書に記載された情報に関しては万全を期していますが、内容を保証するものではありません。また、本書の内容は著者の個人的な見解を解説したものであり、著者が所属する機関、組織、グループ等の意見を反映したものではありません。本書の情報を利用した結果による損害、損失についても、出版社、著者並びに本書制作関係者は一切の責任を負いません。投資のご判断はご自身の責任でお願いいたします。

第1章

資産運用なしでは死ぬまでリタイア不能!?

プライベートを犠牲にせざるをえない医師の一生

なぜ医師の半数近くが「医者を辞めよう」と思うのか？

病気やケガに苦しむ人たちを救い、時には命さえも助ける――。

医師が、この世で最も必要とされている、大きなやりがいのある仕事であることはいうまでもありません。

そのため、「医師になるのが夢だ」「もし人生をやり直せるなら医師の仕事をしたい」と思っている人は大勢います。子どもがなりたい職業を尋ねられたとき、あるいは親が子どもになってもらいたい職業を尋ねる調査が行われたときに、「医師」が常に上位にランクインするのはその一つの表れといえるでしょう。

ところが、そんな多くの人がなりたがる〝人気職業〟につきながら、意外にも医師の中には「医師になったことを後悔している」という人が少なくないのです。

たとえば、医師専用コミュニティサイト「MedPeer（メドピア）」を運営するメドピア株式会社が会員医師を対象に２０１５年に行ったアンケート調査では、図表１-

図表1-1　医師アンケート調査「医師を辞めようと思ったことはあるか」

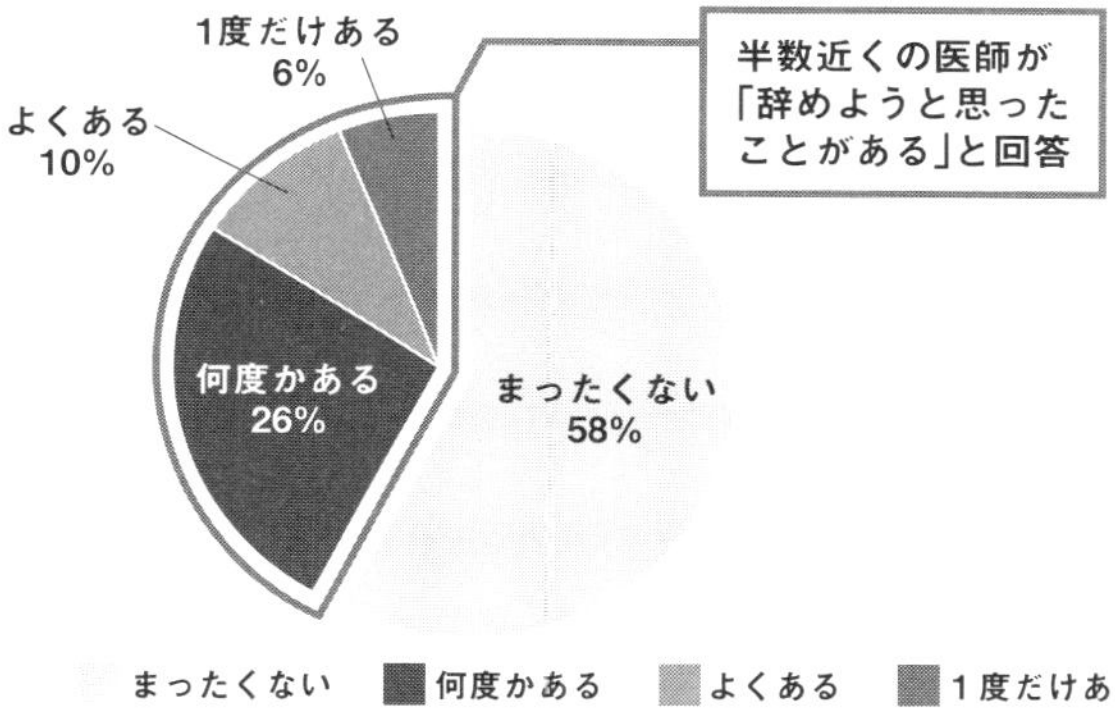

※調査対象：医師専用コミュニティサイト「MedPeer」の会員医師（有効回答数4,232）

出所：メドピア株式会社「MedPeer会員医師へのアンケート調査（2015）」をもとに作成

1に示されている通り半数近くの医師が「辞めようと思ったことがある」と答えているのです。

なぜなのか——それは、医師の仕事があまりにも激務であるために、勤務医、開業医を問わず身も心もボロボロの状態になってしまっているからなのです。

勤務医の労働時間は「過労死ライン」を超えている

では、一体どれほどまでに医師の仕事は過酷なのでしょうか。まずは、勤務医の置かれている現状から見てみましょう。

21～27ページに挙げた表は、労働政策研究・研修機構（ＪＩＬＰＴ）が２０１１年に全国の20床以上の病院に勤めている24歳以上の医師を対象に行ったアンケート調査の結果をまとめたものです。

図表１－２が示すように、勤務医の主たる勤務先における１週間当たりの労働時間は平均で46・6時間となっています。労働基準法で定められている労働時間の上限（法定労働時間）は１週間40時間なので、勤務医の働いている時間が法定労働時間をゆうに超えていることは明らかです。

また勤務医の中には複数の病院で勤めている人が少なくありません。この調査では、それ他の勤務先を含めた１週間当たりの労働時間についても明らかにされています。それ

図表1-2　医師の週当たりの労働時間

（単位＝％）

	n	週当たり労働時間 20時間未満	20〜40時間未満	40〜50時間未満	50〜60時間未満	60〜70時間未満	70〜80時間未満	80時間以上	60時間以上計	平均時間
	3457	12	10.5	26.6	23.5	15.5	6.6	5.3	27.4	46.6
<診療科別>										
外科	399	10.5	2.8	19.5	24.1	22.3	11.3	9.5	43.1	52.5
救急科	36	5.6	8.3	25	19.4	16.7	13.9	11.1	41.7	54
脳神経外科	122	4.9	6.6	24.6	23.8	21.3	10.7	8.2	10.2	53.3
小児科	205	5.4	10.2	15.6	29.3	24.9	8.3	6.3	39.5	52
産科・婦人科	145	11	5.5	27.6	22.1	17.9	7.6	8.3	33.8	49.4
呼吸器科・消化器科・循環器科	371	11.3	7	20.8	27.2	16.7	8.9	8.1	33.7	49.4
整形外科	285	12.6	9.8	25.6	23.2	17.5	7	4.2	28.8	46.8
麻酔科	153	8.5	13.1	32.7	23.5	15	2.6	4.6	22.2	45.8
内科	853	15	13.7	28.4	21.3	12.5	5.2	3.9	21.6	43.4
眼科・耳鼻咽喉科・泌尿器科・皮膚科	390	13.8	9.5	32.1	24.1	12.1	4.6	3.8	20.5	44.3
放射線科	114	7.9	7	37.7	29.8	10.5	4.4	2.6	17.5	46.1
精神科	260	16.9	25.8	29.2	15.8	9.2	1.9	1.2	12.3	38.4
その他	124	9.7	35.5	35.5	28.2	11.3	5.6	2.4	19.4	46

出所：JILPT「勤務医の就労実態と意識に関する調査」（2012年）をもとに作成

によれば、複数の病院に勤務する医師の労働時間の平均は53・2時間となっています（図表1－4参照）。

さらに細かく見ていくと、2割以上の勤務医が主たる勤務先において60時間以上も働いています（勤務先の数が増えるほど、週当たり全労働時間の平均は高くなっており、「5カ所以上」の場合は62・2時間となっています）。

厚生労働省が2015年に策定した「過労死防止大

図表1-3　主たる勤務先の週当たり労働時間と他の就労先を含めた週当たり全労働時間

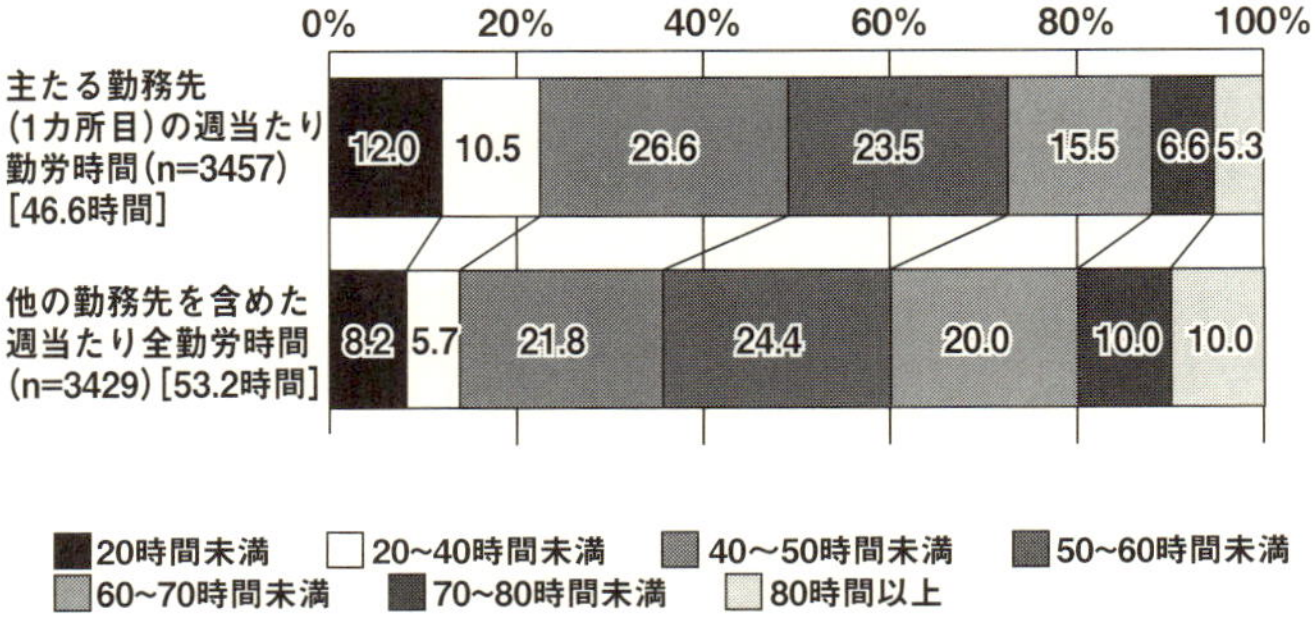

出所：JILPT「勤務医の就労実態と意識に関する調査」（2012年）をもとに作成

綱」の中では「将来的に過労死等をゼロにすることを目指す」ために、平成32年までに週60時間以上働く労働者の割合を5％以下とする目標が提示されました。労働時間と過労死との関連性について調べた各種調査において、週に60時間以上働いている場合に、過労死の可能性が高まることが示されてきたためです。

60時間を超えれば死の危険が――勤務医の多くは、そんな過労死ラインを超えた長時間の労働を、余儀なくされているのです。

図表1-4　勤務先数別に見た週当たりの全労働時間

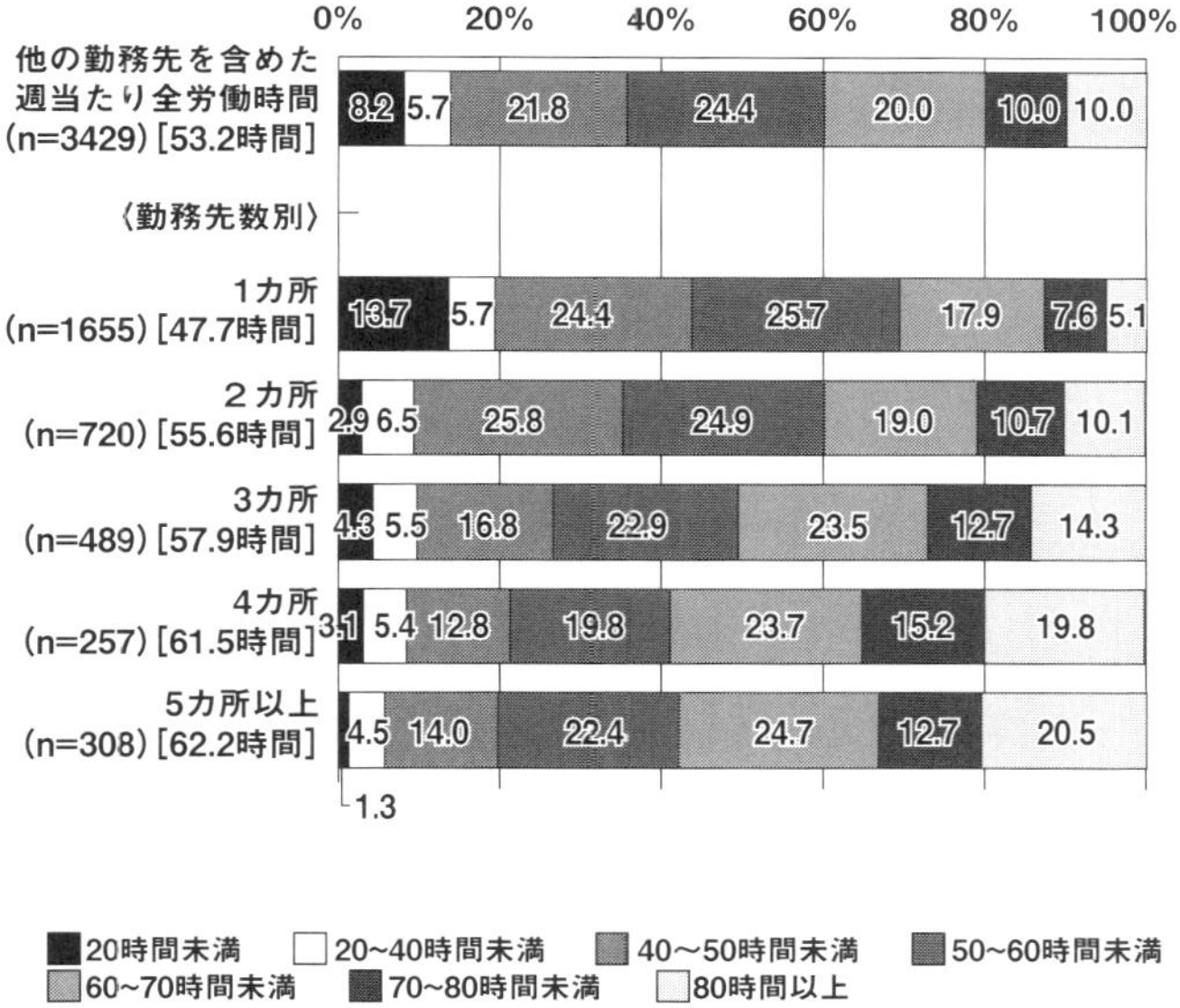

出所：JILPT「勤務医の就労実態と意識に関する調査」(2012年)をもとに作成

勤務医の有休日数はサラリーマンの半分以下

また、多忙な勤務医は、有休（年次有給休暇）も満足にとることができずにいます。

有休は「労働者の疲労回復、健康維持・増進、その他福祉向上を図る目的」で労働基準法によって認められている働く者の権利です。

有休の日数は労働時間の長さによって変わりますが、厚生労働省の調査によれば1年間に企業が付与する年休の日数は17日から18日となっています（平成23年から平成26年のデータ）。

そして、そのうち実際に労働者が取得した日数は8日から9日になります。

一方、先の労働政策研究・研修機構の調査によれば、勤務医が主たる勤務先で1年間に取得した有休の日数は、約半数が「3日以下」となっており、「0日」も5分の1以上を占めています（図表1-5参照）。

さらに、労働時間が長くなるほど、取得している有休の日数は「3日以下」の割合

図表1-5　年次有給休暇取得日数

（単位＝%）

	n	年次有給休暇取得日数							日数2分類	
		0日	1～3日	4～6日	7～10日	11～15日	16～19日	20日以上	3日以下	7日以上
	3,467	22.3	24.9	25.8	17.1	6.4	1.8	1.7	47.2	27
<診療科別>										
脳神経外科	123	27.6	27.6	22	19.5	2.4	0	0.8	55.2	22.7
呼吸器科・消化器科・循環器科	373	23.3	29.5	26.3	13.7	4.8	0.8	1.6	52.8	20.9
救急科	36	22.2	27.8	27.8	19.4	2.8	0	0	50	22.2
眼科・耳鼻咽喉科・泌尿器科・皮膚科	391	27.1	22	22	17.4	7.9	1.5	2	49.1	28.8
内科	855	25.4	23.4	25	17.2	5.8	1.6	1.5	48.8	26.1
外科	400	20.3	27.3	28.8	12.8	7.3	2	1.8	47.6	23.9
小児科	205	22	24.9	26.8	16.1	7.8	1	1.5	46.9	26.4
整形外科	286	23.4	23.1	28.7	18.9	4.9	0.3	0.7	46.5	24.8
放射線科	114	13.2	29.8	27.2	13.2	7.9	7	1.8	43	29.9
産科・婦人科	147	13.6	27.2	23.8	19.7	8.2	4.8	2.7	40.8	35.4
麻酔科	153	18.3	20.9	27.5	22.9	5.9	1.3	3.3	39.2	33.4
精神科	260	15	23.1	26.5	21.9	8.1	3.5	1.9	38.1	35.4
その他	124	20.2	26.6	25	16.9	7.3	0.8	3.2	46.8	28.2

出所：JILPT「勤務医の就労実態と意識に関する調査」（2012年）をもとに作成

が高くなる一方で、「7日以上」の割合が低くなっています。

　このように、勤務医の大半は、一般の人たちの半分以下の日数しか有休を消化できず、そのため日々の労働の疲れを十分に癒すことができない状態に陥っているのです。

「宿直」のために十分な睡眠時間を確保できない

勤務医の労働状況を厳しいものにしている要因としては、「日直」と「宿直」の過重な負担も指摘されています。

図表1－6が示すように勤務医の6割以上が勤務先において日直あるいは宿直を課されています。日直とは所定労働時間外の日中に病院等で勤務すること、一方、宿直は所定労働時間外の夜間に病院等に泊まり込みで勤務することです。

特に宿直は、勤務医の睡眠時間を削りその疲労を深めています。労働政策研究・研修機構のアンケート調査によれば、宿直1回当たりの勤務医の平均睡眠（仮眠）時間は以下のようになっています。

・4時間以上　52・7％
・3～4時間未満　27・7％
・2～3時間未満　10・4％

図表1-6　診療科別に見た主たる勤務先の日直・宿直の月当たりの回数

（単位＝％）

	n	日直の回数					宿直の回数				
		なし	1～2回	3～4回	5回以上	日直あり・計	なし	1～2回	3～4回	5回以上	宿直あり・計
	3,467	38.2	51	6.3	4.5	61.8	32.6	34.8	21.8	10.8	67.4
<診療科別>											
内科	855	38.9	50.3	5.8	4.9	61.0	33.3	33.3	23.6	9.7	66.6
外科	400	37	53.8	5	4.3	63.1	26.3	39.5	24	10.4	73.9
整形外科	286	38.1	55.2	3.8	2.7	61.7	31.1	42	22	4.9	68.9
脳神経外科	123	38.2	52.8	5.7	3.2	61.7	22	42.3	26	9.7	78
小児科	205	26.3	58	11.2	4.4	73.6	28.3	20.5	30.2	21	71.7
産科・婦人科	147	30.6	44.9	16.3	8.2	69.4	29.9	21.1	21.1	27.8	70
呼吸器科・消化器科・循環器科	373	30	61.1	5.4	3.5	70	26	48	19.6	6.5	74.1
精神科	260	31.2	53.1	8.8	6.9	68.8	25	25.4	29.6	20	75
眼科・耳鼻咽喉科・泌尿器科・皮膚科	391	47.8	47.6	2.8	1.8	52.2	41.2	42.5	14.6	1.8	58.9
救急科	36	8.3	41.7	16.7	33.4	91.8	5.6	11.1	19.4	63.9	94.4
麻酔科	153	46.4	36.6	8.5	8.5	53.6	43.1	22.9	18.3	15.7	56.9
放射線科	114	60.5	36	1.8	1.8	39.6	59.6	30.7	8.8	0.9	40.4
その他	124	51.6	41.1	5.6	1.6	48.3	50	27.4	13.7	8.8	49.9

出所：JILPT「勤務医の就労実態と意識に関する調査」（2012年）をもとに作成

・2時間未満　5・8％

・ほとんど睡眠できない　3・5％

このように宿直をしている勤務医の半数弱は4時間未満しか眠っておらず、さらには「ほとんど睡眠できない」人さえもいるのです。

「長時間働かされて」「年休もとれず」「宿直のために睡眠時間も不十分」――ここまで見てきたように勤務医の置かれている状況が、深刻でこのうえなく厳しいものであることは明らかです。

開業医の労働環境は勤務医よりさらに過酷！

続いて、開業医の現状について見ていきましょう。

一般には「開業医は勤務医ほどは忙しくないのでは」というイメージがあるかもしれません。

しかし、多くの開業医は勤務医と同じかそれ以上に働いています。

２００９年に日本医師会によって行われた開業医の実情に関するアンケート調査（開業動機と開業医（開設者）の実情に関するアンケート調査）では、約４割の開業医が、開業後、労働時間が「過重になった」と回答しているのです。

調査結果の中身を細かく見ると、まず無床診療所開業医の場合、50歳代までは週５日以上診療しています。

一方、有床診療所開業医の場合には、週５・25日診療し、全ての年齢階級で週５日以上の診療日数でした。

そして、図表1－8が示すように、診療所開業医全体の診療日数を見ると40歳代以下の1割強は診療をしていない日数が週に1日あるかないかという状況です。つまりは、ほぼ毎日休みなく働いているわけです。

さらに、開業医は通常の診療だけでなく、夜間診療や往診、さらには地域医療活動も行っています。

たとえば、図表1－10に表されているように、無床診療所開業医、有床診療所開業医ともに8割近くが地域医療に関わっており、その活動に相当の時間を割くことを強いられています。

通常の診療以外のこれらの活動も含めれば、開業医の実質勤務時間はおおむね週50時間以上になると日本医師会は推計しています。

図表1-7　開業医の1週間当たり診療日数

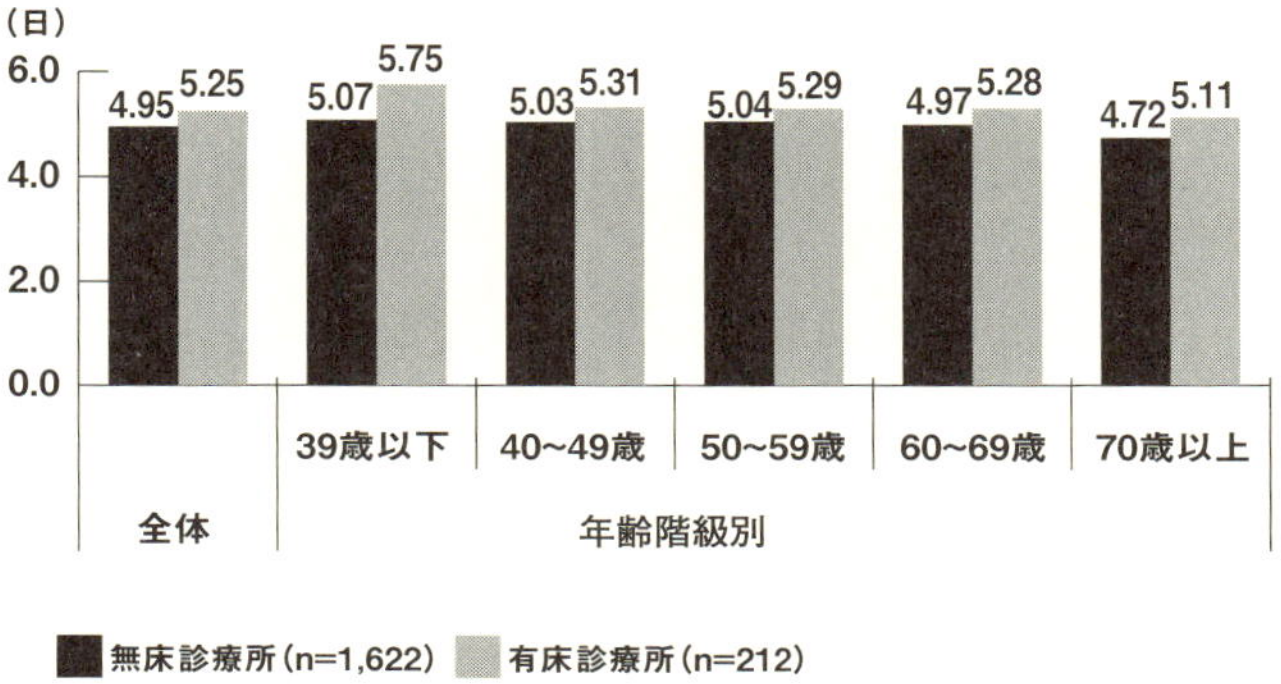

出所：日本医師会「開業動機と開業医（開設者）の実情に関するアンケート調査（2009）」をもとに作成

図表1-8　診療所開業医　1週間の診療日数（年齢階級別）

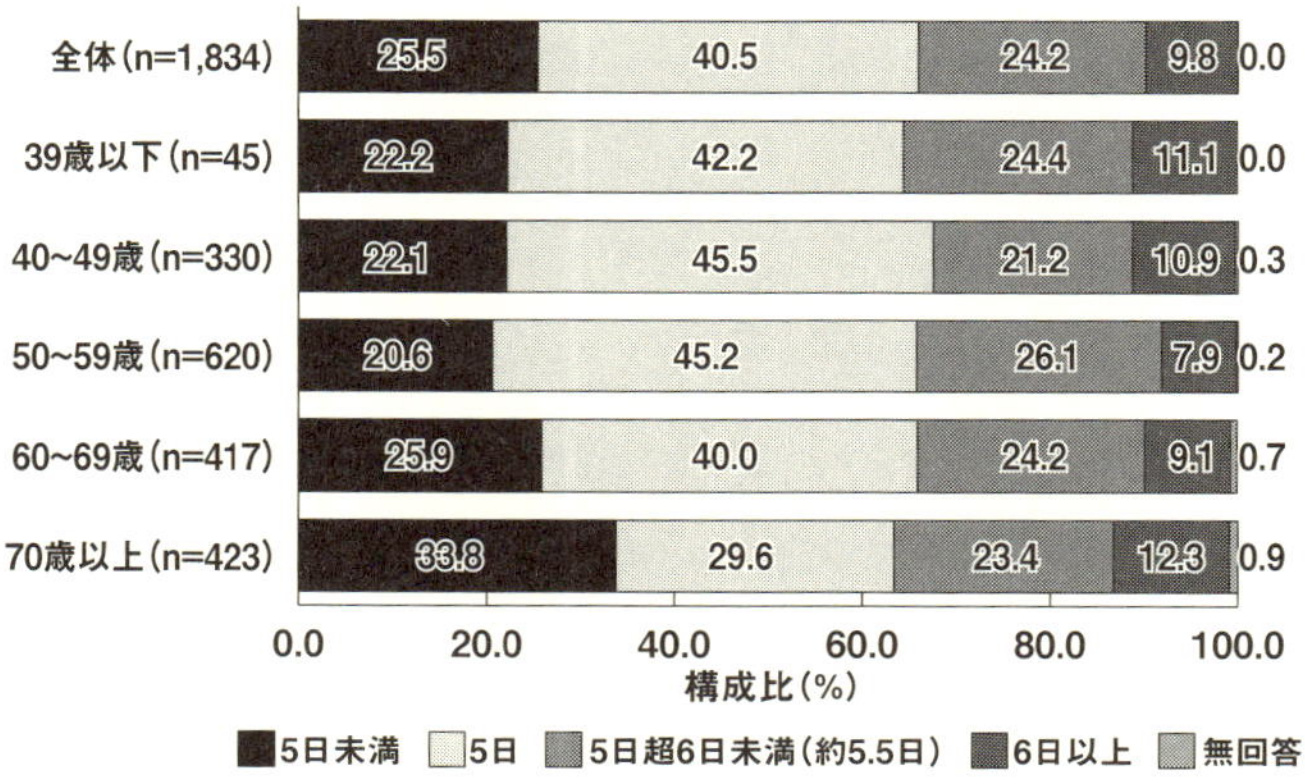

出所：日本医師会「開業動機と開業医（開設者）の実情に関するアンケート調査（2009）」をもとに作成

図表1-9　直近１週間に18時以降の診察を行った開業医の比率

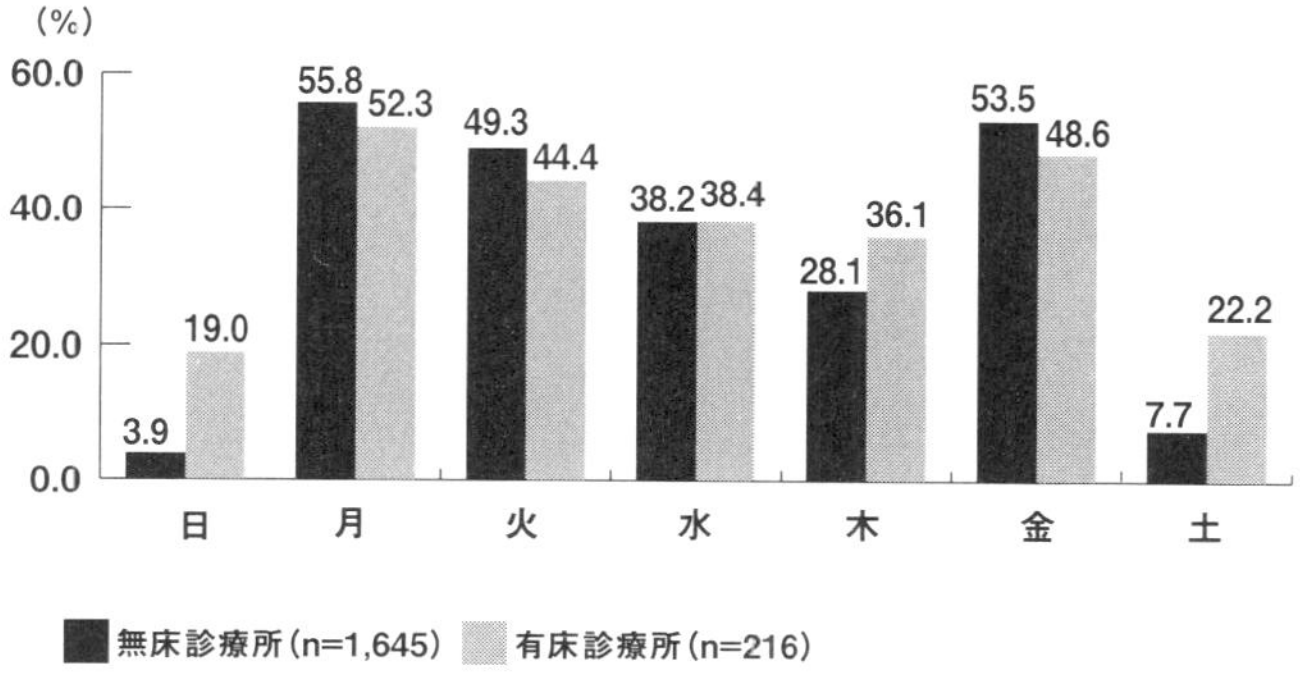

出所：日本医師会「開業動機と開業医（開設者）の実情に関するアンケート調査（2009）」をもとに作成

図表1-10　直近１週間の地域医療活動時間別構成比

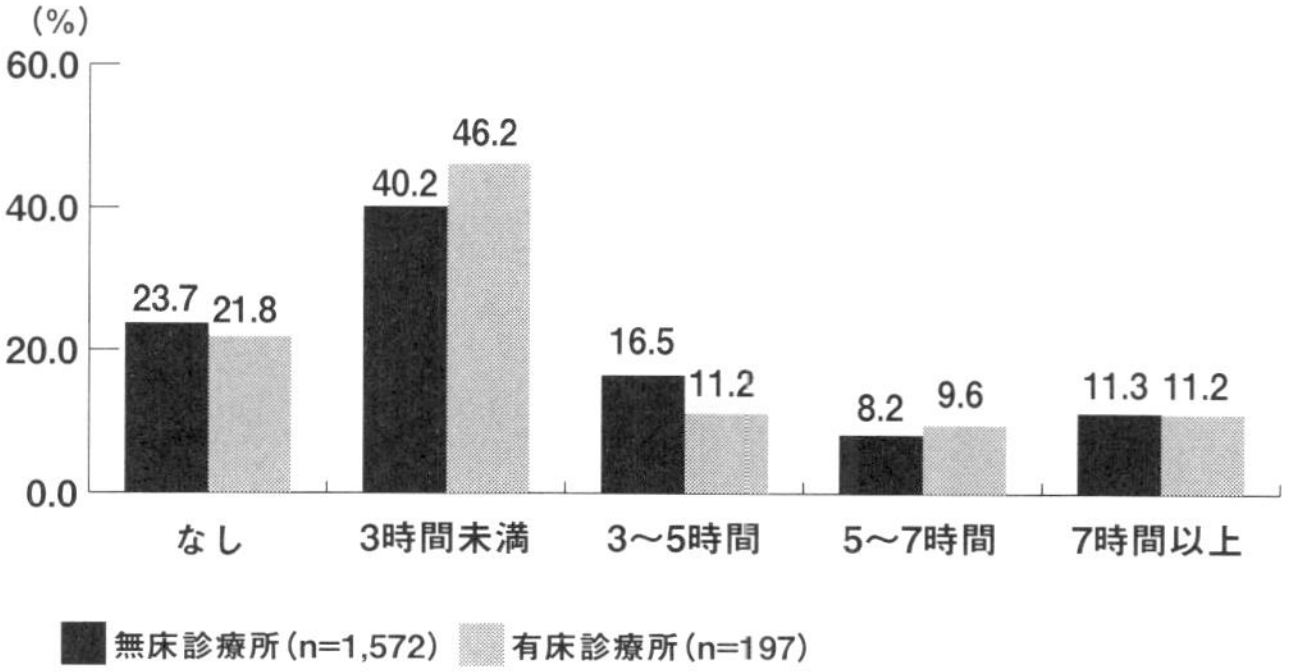

出所：日本医師会「開業動機と開業医（開設者）の実情に関するアンケート調査（2009）」をもとに作成

7割近くの開業医が「引退後の収入確保」に不安を抱えている

このように、独立して自分のクリニックを持ったとしても、ほとんどの医師は勤務医の頃と同じように働きづくめの忙しい毎日を送っています。

そのうえ、開業医は、勤務医の頃にはなかった経営上の悩みや心配事も抱えることになるのです。

「近くに大型病院ができた、患者が減るのではないか」

「インターネットの掲示板に悪い評判を書き込まれた」

「自分が病気になったら収入がなくなる」

等々――。

日本医師会のアンケート調査では、開業医として不安に感じている事柄についても問われています。図表1－11はその結果をまとめたものです。

そこに示されているように、「経営全般」に対しては7割近くが、「休業時の収入確

図表1-11　開業医の不安に関するグラフ

「院長先生ご自身の今後に対する不安感はどの程度ですか？」(n=1,984)

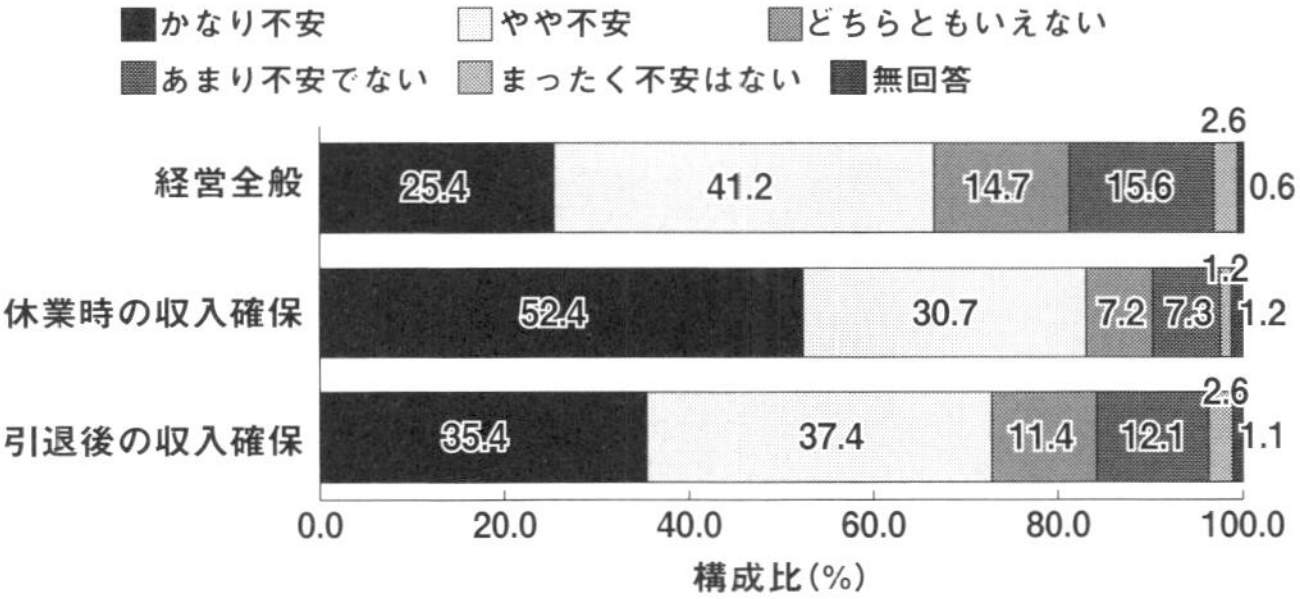

「開業された現在、勤務医や研究者時代と比べて、達成感や満足度等はどの程度ですか？」(n=1,984)

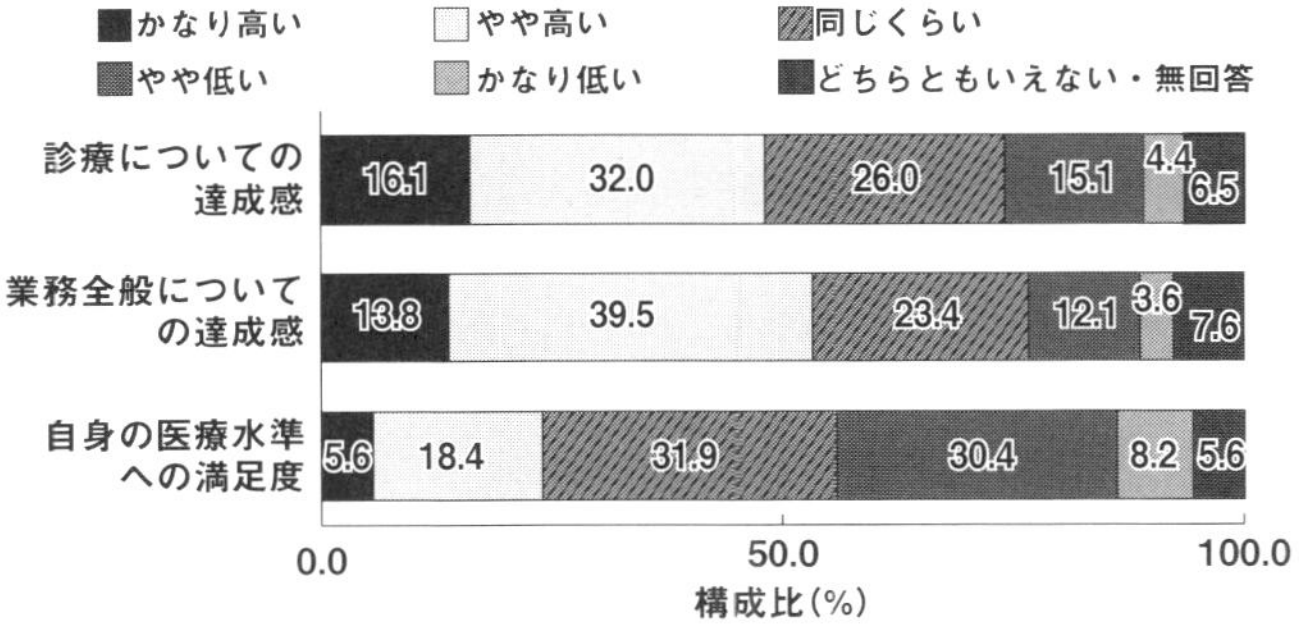

自身の医療水準の維持(n=1,984)

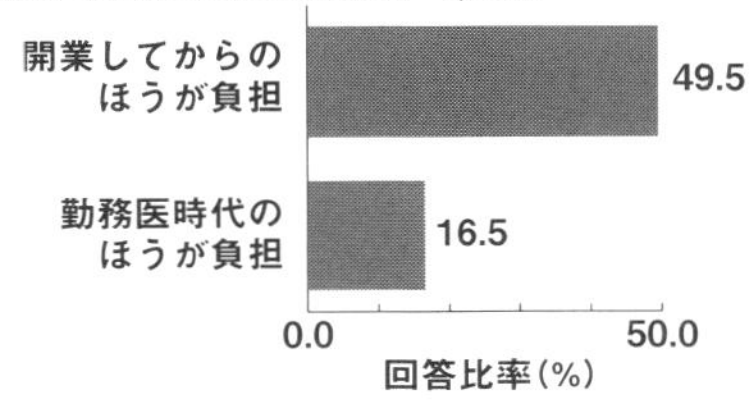

出所：日本医師会「開業動機と開業医(開設者)の実情に関するアンケート調査(2009)」をもとに作成

保」については8割が、「引退後の収入確保（年金や退職金）」に関しては7割の医師が不安を抱いています。

そして、半数以上の医師が、これらの不安のために開業後に精神的ストレスが増加したと答えているのです（なお、図表1－11中央のグラフが示しているように「診療についての達成感が低くなった」と答えている医師が2割近くもいます）。

診療報酬の〝改悪〟で医師の収入は激減する？

ここまで見てきたように、勤務医、開業医を問わず、医師の多くは仕事に追われ、厳しいストレスに苦しめられる過酷な日々を送っています。

そして、そうした医師の苦境はこれからさらに深まっていくはずです。今後、医療を巡る環境や情勢が医師やクリニックにとって決して望ましくない形で変化し続けていくことが予想されているからです。

図表1-12　診療報酬改定率の推移

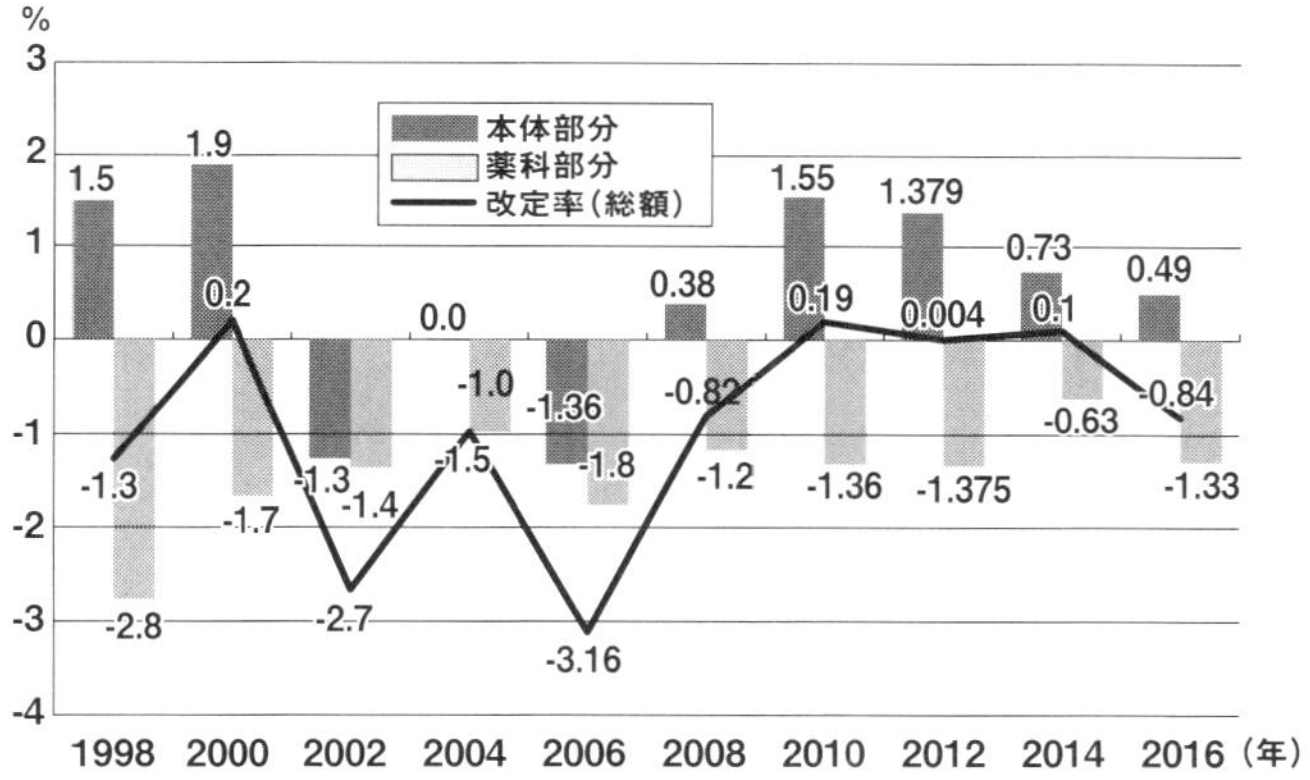

出所：「社会実情データ図録」ウェブサイトをもとに作成

第一は、診療報酬のさらなる〝改悪〞です。

図表1－12が示すように、診療報酬の改定率は2002年からマイナス改定が続いていました。2010年度改定では10年ぶりにプラス改定となり、2012年度、2014年度もほんのわずかながらプラスとなりましたが、2016年度には再びマイナス改定となりました。

医療保険財政の悪化を口実に、これから診療報酬がさらに大きく引き下げられていく可能性は高いでしょう。ことに2018年に介護報酬とあわせて行われる〝ダブル改定〞では、大幅なマイナスとなることが予想されています。

たとえば、2015年4月27日に財政制度等審議会財政制度分科会で提示された「当面の社会保障制度改革の基本的考え方　医療・介護に関する制度改革・効率化の具体案」では、「2018年度において、サービス単価（診療報酬本体・薬価・介護報酬）をさらに大幅に抑制することが必要」という見解が明らかにされています。

医業収益の生命線である診療報酬が減り続ければ、病院・クリニックの収益も減少し、結果的に医師の収入にも悪影響が及ぶことは確実です。

クリニック経営を危機にさらす「患者数の減少」

また第二に、医療マーケットの縮小も今後の大きな懸念材料といえます。

周知のように、今、日本は人口減少社会を迎えています。

2016年2月に公表された国勢調査によれば、2015年10月1日時点における日本の総人口は1億2711万47人であり、2010年の前回調査に比べると、

94万7305人も減少しました。

このままのスピードで人口が減り続ければ、2050年には1億人を割ると予測されています。

そして、人口が減れば、当然、患者の数も減少します。

厚生労働省「平成26年患者調査の概況」によると、現在、推計患者数は「入院」が131万8800人、「外来」が723万8400人となっており、合わせて約900万人に達しています。高齢化の進展により、しばらくの間は患者数が増えると予想されていますが、いずれは減少に転じると予想されています。

医療費負担アップで「病院に行かない」人が増える

さらに、日本では現在、貧富の差が急速に拡大しています。そのため、収入や貯金が不十分な人たちの間では、病気やケガになっても「医者にかからず、我慢して自然に治るのを待とう」と考えている人が増えています。

しかも、こうした「受診抑制」の傾向は、国民の医療費負担が増えるなかで今後さらに強まることが指摘されています。

たとえば、2008年に後期高齢者医療制度が始まった当時、75歳以上の人が支払う保険料は月額5283円（平均）でしたが、2014年には月5668円になるなど値上がりが続いています。また、所得の低い人を対象に行われてきた保険料軽減措置を、2017年度から段階的になくす方針も打ち出されています。その結果、負担増になる高齢者は約865万人、加入者の半数以上に上り、保険料負担が3倍になる世帯も生まれるといわれています。

さらに、70歳未満の人の国民健康保険等による自費負担は現在3割ですが、その負担率を引き上げることも議論されています。

患者数が減るうえに、こうした医療費の負担増を嫌い病気やケガになっても病院に行く人が減れば、クリニック・病院の経営にとって大きな打撃となることは火を見るよりも明らかです。

図表1-13　経済的理由による治療中断や投薬拒否の実態

2015年11月から16年１月にかけて全国保険医団体連合会は全国の保険医協会・医会を通じて会員医療機関を対象に医療費負担などの経済的な理由による治療の中断や投薬の拒否などの実態を明らかにすることを目的に調査を行った。１万1971件の有効回答があった。経済的理由による治療中断は、医科診療所では34.9%、歯科診療所では51.7%、全体では40.9%の医療機関が経験していた。

（１）この半年間に主に経済的理由によると思われる治療中断があったか。

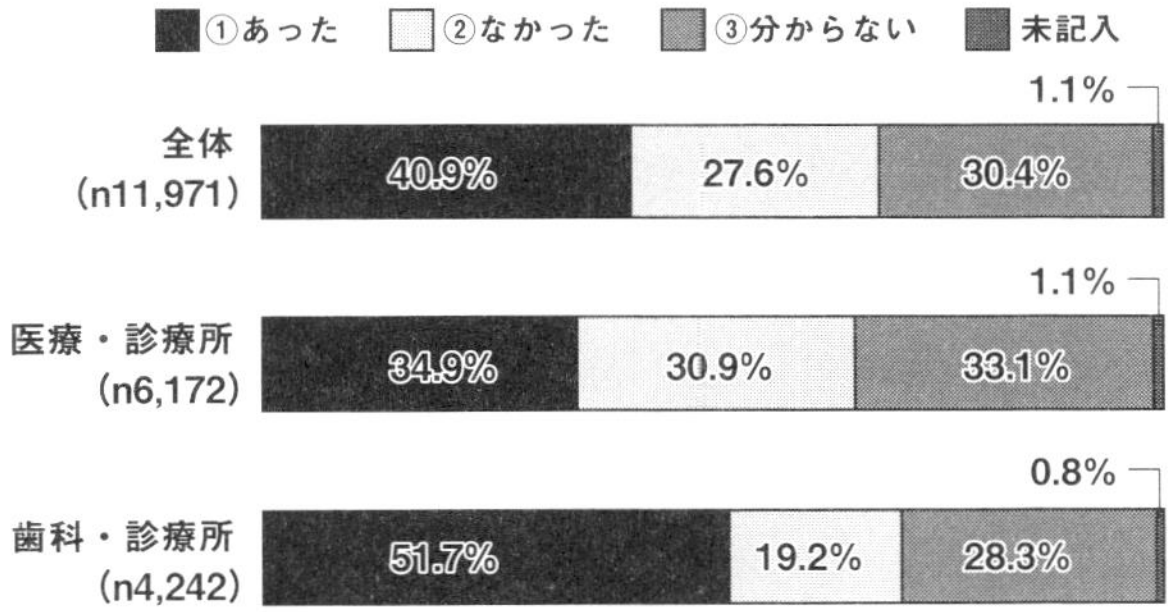

（２）この半年間に医療費負担を理由に検査や治療、投薬を断られたことがあったか。

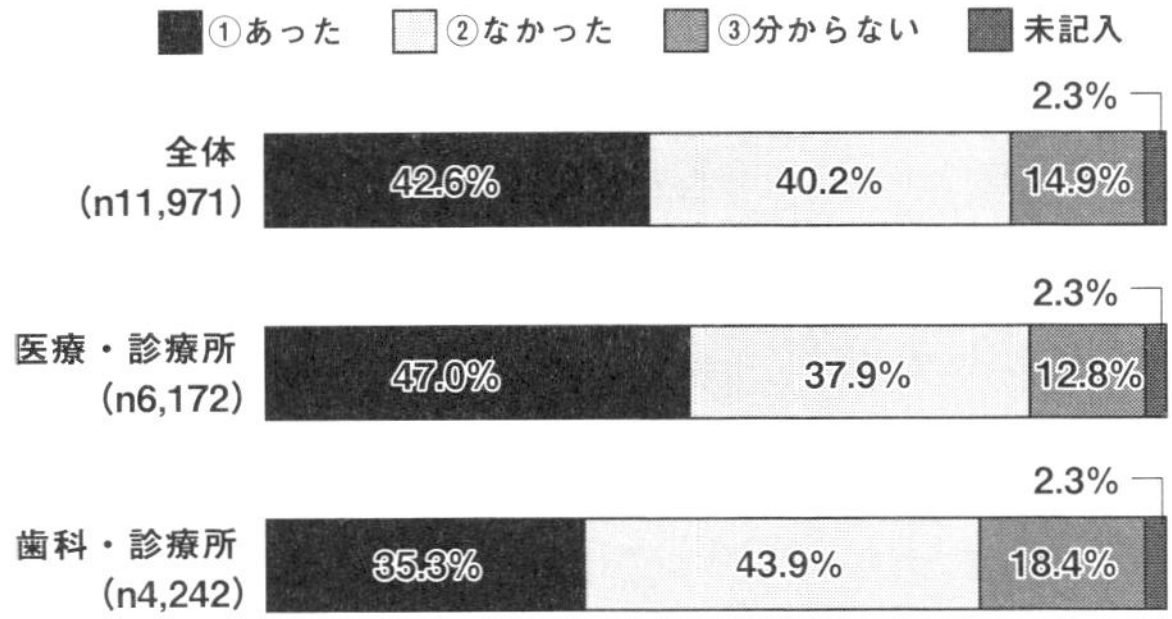

出所：全国保険医新聞2016年4月15日号をもとに作成

最後の希望は「早期リタイア」のみ

「何日も泊まり込み睡眠も取れなかった時、辞めたくなりました」（50代、産業医）

「ハードな勤務から逃げ出したいと思う時がよくあります」（50代、循環器内科）

「激務でつらくて何度も辞めようと思いましたが、思いとどまりました」（30代、小児科）

「60歳を過ぎて日々いつ辞めようかばかり考えている」（60代、一般内科）

これらは冒頭で挙げたメドピア社のアンケート調査に寄せられた医師たちのコメントの一部です。

ここまで見てきたような医師の現状やこれからさらに悪化していく未来を考えれば、同じように「もう仕事を辞めたい」「これまでさんざん苦労してきたのだから、残りの人生は好きなことをして過ごしたい」と思う医師たちが今後数を増していくことは間違いありません。

しかし、医師を辞めて第二の人生を謳歌するためには、先立つものが、つまりは十分なお金が必要となります。

ハッピーリタイアを実現するための資金作り——

この難しい課題を、日々の忙しい仕事に追われながら、一体どのように解決していけばよいのでしょうか。

第2章

株式投資・投資信託・太陽光発電投資……

医師は投資ビジネスの格好のカモ

リタイア資金準備には「投資による高いリターン」が必須

前章で述べたように、早期リタイアを実現するためには、医師の仕事を辞めても余裕のある生活を送れるだけの十分な資産を蓄えておくことが必要になります。

そのための手段として真っ先に思い浮かぶのは、収入の中からコツコツと定期預金で積み立てていくという方法でしょうか。

しかし、2016年2月からマイナス金利政策が導入された結果、定期預金の金利は0・01％にまで下がっています（大手メガバンクの場合）。100万円を1年間預けたとしても、得られる利子はわずか100円です。

また、現在、国が進めているインフレ政策の結果、将来的に現金・預貯金の価値は大きく目減りすると考えられています。

たとえば、10年後にインフレ率が10％となっていれば、必死に貯めてきたお金の価値が1割も減ることになるのです。

このように銀行の預貯金だけに頼っていては資産を増やすどころか、逆に減らすことになりかねません。インフレも想定したうえで、第二の人生を送るために必要な生活資金を蓄えるためには、運用する資産が10年後には2倍、3倍になるだけのリターン（投資で得られる利益）が期待できる投資手法を選ばなければならないのです。

株式、投資信託に潜む「大きなリスク」と「深刻な問題」とは

高いリターンを得られる可能性のある投資商品としては、一般に「株式」「投資信託」が挙げられることが少なくありません。もしかしたら、２０１４年からスタートしたＮＩＳＡ（ニーサ）により、一定の利益については課税されないことになったこともあり、「株式投資を始めようか」「投資信託を購入しよう」などと考えている医師の方も多いかもしれません。

確かに、「株式」「投資信託」への投資は、成功すれば銀行に預けておくよりは資産

を大きく増やすことが可能でしょう。

しかし、投資を行うにあたってはリターンだけでなく、リスクにも十分な注意を払うことが必要になります。たとえ利回りが高くてもリスクが大きければ、利益を得るどころか大きな損失を被ることになりかねません。

そして、結論からいえば、株式、投資信託のいずれに関しても見すごすことができない非常に大きなリスクや深刻な問題点が存在するのです。

一体、株式・投資信託にはどのようなリスクや問題点があるのか――以下では、それらについて詳しく解説していきましょう。

恐ろしい株式リスク――わずか1週間で株価が7分の1になることも

まず、株式の抱えるリスクとしては、値幅変動の激しさを挙げることができます。

株式の値動きは非常に急で、短期間で株価が大きく下落することも珍しくありません。

最近の例を一つ挙げると、東証マザーズに上場されている新興医薬品会社のアキュセラ・インクは2016年5月25日に7700円の高値を付けました。しかし、その日のうちに5790円に下落し、さらに5日間連続してストップ安を続けました。ストップ安とは、株価の極端な暴落や株式相場の混乱を防ぐために設けられている値幅制限の最低額まで株価が下がることです。ストップ安が終わった6月2日の終値は1175円でした。わずか1週間で株価が何と7分の1になってしまったのです。

アキュセラ・インクの株価がここまで無残に下落したのは、同社が開発を進めていた加齢黄斑変性治療薬の臨床試験が失敗したことが明らかになったためでした。

眼科医の方でしたらご存じのように、加齢黄斑変性は、加齢により網膜にある黄斑に問題が生じて、目が見えにくくなる病気です。この難病を治癒できる薬の開発に成功したら同社の収益は計り知れないものになる――と期待され、株価が上がり続けていたところに開発失敗のニュースが伝わり、投資家の失望を招いた結果、一気に売られて株価の下落が止まらなくなる展開となってしまったのです。

万が一、間違ってこのような株式に投資してしまったら、一夜で財産のほとんどを失うことも十分にありえるでしょう。

図表2-1　アキュセラ・インクの株価推移

日付	始値	高値	安値	終値	前日比
2016/5/16	4,005.0	4,075.0	3,900.0	3,910.0	−75.0
2016/5/17	3,840.0	4,090.0	3,830.0	4,030.0	+120.0
2016/5/18	4,095.0	4,170.0	3,900.0	3,990.0	-40.0
2016/5/19	4,045.0	4,390.0	4,025.0	4,355.0	+365.0
2016/5/20	4,495.0	5,060.0	4,450.0	5,060.0	+705.0
2016/5/23	5,800.0	6,060.0	5,630.0	6,060.0	+1,000.0
2016/5/24	6,130.0	7,050.0	6,120.0	6,790.0	+730.0
2016/5/25	6,890.0	7,700.0	5,790.0	5,790.0	−1,000.0
2016/5/26	4,790.0	4,790.0	4,790.0	4,790.0	−1,000.0
2016/5/27	4,090.0	4,090.0	4,090.0	4,090.0	−700.0
2016/5/30	3,390.0	3,390.0	3,390.0	3,390.0	−700.0
2016/5/31	1,990.0	1,990.0	1,990.0	1,990.0	−1,400.0
2016/6/1	1,190.0	1,190.0	1,190.0	1,190.0	−800.0
2016/6/2	1,100.0	1,400.0	1,014.0	1,175.0	−15.0
2016/6/3	1,175.0	1,200.0	1,042.0	1,042.0	−133.0
2016/6/6	990.0	1,088.0	986.0	1,028.0	−14.0

市場環境が悪化すれば優良株の株価も急激下落

また「今の例は、業績に対する不安が起きたから株価が暴落したのだろう。ならば、業績のよい会社の株を買えば大丈夫なはず」と思う人もいるかもしれません。

ところが、そこが株式投資の恐ろしいところであり、売り上げや利益が絶好調で増収増益の企業の銘柄であっても、市場環境が悪化すればあっけなく株価が下落します。

その象徴的な例をご紹介しましょう。まず、図表2－2のチャート図をご覧ください。これは、2016年6月24日の日経平均の1日の値動きを表したものです。そこに示されているように、当日の日経平均は前日の終値より約100円高い1万6333円87銭で始まりました。

ところが、一日の市場取引が終わったときには、1万4952円2銭になっていました。何と前日より1300円近くも下げたのです。

まさに〝大暴落〟というほかありません。なぜこれほどまでに株価が下がったのか

図表2-2　日経平均チャート

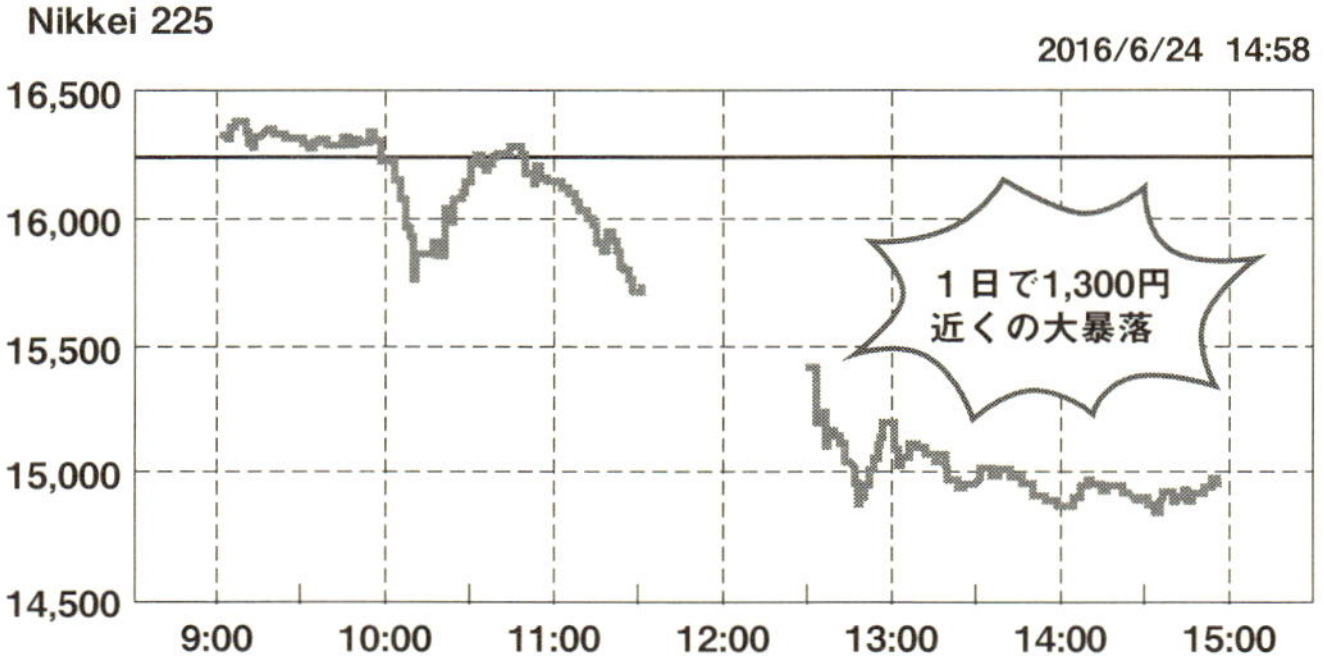

 http://stocks. finance. yahoo. co. jp

――その理由は同日にイギリスで行われたＥＵ（欧州連合）離脱の賛否を問う国民投票にありました。投票の開票が進むなかで、離脱支持が優勢となり世界経済に悪影響がもたらされるという懸念が強まったために株式が一斉に売りに出されたのです。

その中には直近の業績が絶好調だった企業も数多く含まれていました。

たとえば、２０１５年４～12月期の連結決算で過去最高の純利益を計上した三菱電機は10％以上も株価が下落しています。

また、２０１６年４月に２０１７年３月期の連結税引き前利益が４期連続で過去最高益を更新する予測が発表された日立キャピタルは、前日比で17％近くも株価が下落しました。

このようにたとえ〝優良銘柄〟を選び投資していたとしても、外部的な要因でその価格が大きく下がってしまう危険性があるのです。

専門知識なしで株式投資に手を出してはいけない

一般に株式投資によって得られるリターン（利益）としては、購入した株式の売却時に得られる売却益（キャピタルゲイン）と、保有時に得られる配当（インカムゲイン）の二つが挙げられます。

そして、このいずれを狙うにしても、銘柄選びが、すなわち「どの株を買うのか」が何よりも重要になります。

ちなみに、２０１６年６月30日の時点で、日本の主な市場である東証一部、東証二部、東証マザーズ、ＪＡＳＤＡＱに上場されている会社の数は、以下のようになっています。

・東証一部　１９７２社
・東証二部　５３７社
・東証マザーズ　２３４社
・ＪＡＳＤＡＱスタンダード　７２９社

株式投資で利益を得るためには、この数千社の中から、「間違いなく上がる」「毎年、利益を出し続けるはずだから、絶対に配当が入るにちがいない」という確信を抱ける会社を選び出さなければならないのです。

そのためには、投資対象となる会社に関する情報を集めて、なおかつ株式の価値を読み解くうえで必要となる専門的な知識を身につけなければなりません。

もし株式投資を行うのであれば、忙しい医師の仕事をしながら、果たしてそのような〝勉強の時間〟を捻出することができるのかについても、事前に十分考慮しておく必要があるでしょう。

ハイリターンを謳う「未上場株式」の詐欺には要注意

なお、株式投資に関しては、近時、上場されていない株式、すなわち「未公開株式」の詐欺被害が大きな問題になっています。

一般的に、未公開株式は上場後に大きく値上がりする傾向が見られ、購入価格の5倍、10倍になることも珍しくありません。そのため、上場間近の未公開株式は「買えばかなりの確率で大きな利益が得られる」と考えられています。

そして、そうした〝未公開株式は儲かる〟というイメージを悪用し、「値上がり確実の株です。発行会社との強いコネにより入手したもので、あなただけに特別に譲渡します」などと称して、多額の金銭をだまし取ろうとする輩がいるわけです。

未公開株詐欺の手口は一様ではなく、年々、複雑化の度合いを強めており、たとえば以下のような事例も報告されています。

①「A社から電話があり『C社の株を持っていれば高値で買い取る』と言われたが、持っていなかったので断った。その後、B社から『C社の未公開株を1株100万円で買わないか』と電話があった。そこで、A社に相談したところ、『ぜひ買ってほしい。300万円で買い取る』と言われたので、B社に連絡し、値切って90万円で購入した。買い取りをしてもらおうとA社に電話しているが、連絡が取れなくなっていた。」

②「金融庁などから許可を得て未公開株の買い取りをしているという業者から連絡があり、保有する未公開株を高値で買い取るので、代わりに別の未公開株や社債を買ってほしいと言われて、その未公開株を購入したが、保有する未公開株は買い取ってもらえない。」(「政府広報オンライン」より引用)

このように、複数の業者が登場したり、金融庁など公的機関の名をかたるなど手の込んだやり口が増えています。基本的に、未公開株の販売等を行うことができるのは、未公開株の発行会社や登録を受けた証券会社に限られます。万が一、不審な営業電話がかかってきたり、怪しげなダイレクトメールが送られてくるようなことがあれば、くれぐれもお気をつけください。

見逃せない投資信託リスク——仕組みは複雑で難解

続いて、投資信託の問題点やリスクについて見ていきましょう。

投資信託は、株式に比べて分かりにくい仕組みとなっているので、まずはその基本的な中身から確認しておきましょう。

投資信託とは、投資家から集めたお金を、投資の専門家が国内外の株式や債券などで資産運用し、それによって得た利益を分配する金融商品です。いくつかの種類があり、株式を中心に運用されるタイプを「株式投資信託」、債券を中心にしたものを「公社債投資信託」といいます。また、近年、不動産に投資する「リート（不動産投資信託）」も登場しています。

投資信託の販売・運用等には、①販売会社、②委託会社、③受託会社の3者が関わっています。

すなわち、投資家は①販売会社を通じて投資信託を購入しますが、その運用は②委託会社によって行われることになります。そして、投資信託を構成する株式や債券などの管理・売買は、②委託会社の指示に従って、③受託会社が進めていきます。

また、投資信託の価格（基準価額）は、運用される全ての資産を時価で評価したものから諸費用（運用管理費用等）を引いた金額を、1単位口数当たりに換算することによって求められています。購入時の基準価額と解約時（償還時）の基準価額のプラス分の差額が投資信託の基本的なリターンとなるわけです。

さらに、投資信託の中には、定期的に「分配金」の支払いが予定されているものもあります。分配金は、投資信託を構成する株式の配当金や債券の利子収入、あるいは株式や債券を売却することによって得られた売買益が原資となっています。とりわけ、分配金が毎月払われるタイプの商品は「毎月分配型ファンド」などと呼ばれており、人気を集めています。

図表2-3 投資信託 仕組み図

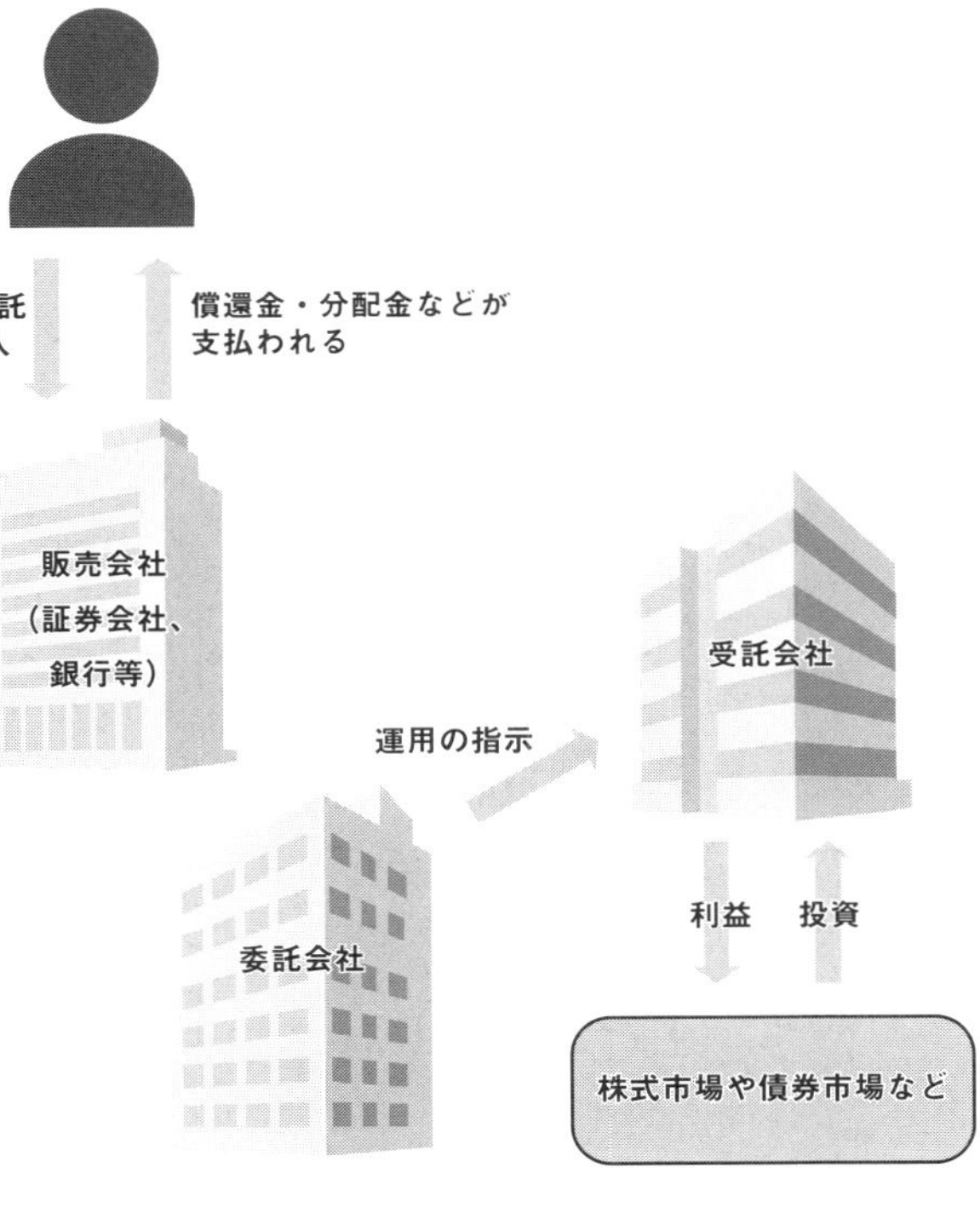

プロが運用しているからといって安心は禁物

以上のように、投資信託は専門家に対して投資した資産の管理・運用を全面的に委ねる仕組みとなっています。株式投資では「どの株式を購入するのか」「いつ買うのか」「いつ売るのか」を自らの判断で決めなければなりませんが、投資信託ではこれらの決定をすべてプロの投資家が行ってくれるのです。

そして、この「プロが運用している」ということが、投資信託の最も大きなメリットと見なされています。

実際、投資信託を購入する人たちの多くも、「プロに任せているのだから損をすることはない」「元本が保証されている」と信じているはずです。

しかし、投資信託は、決して「損をしない」商品でも、「元本が保証されている」商品でもありません。以下に挙げた、投資信託の公的な業界団体である投資信託協会によって示されている投資信託のリスク（投資信託協会のホームページより引用）をご一読ください。

①価格変動リスク

投資信託が組み入れている株式や債券の価格が変動する可能性のことです。株価は最終的には市場における需給によって決まりますが、一般的に、国内及び海外の政治・経済情勢、企業の業績等の影響を受けます。

②為替変動リスク

為替レートが変動する可能性のことです。外国通貨建ての資産に投資する投資信託の場合、一般的には円高になれば基準価額にマイナス、円安ならプラスの影響があります。

外国の株式や債券で運用する投資信託には基本的に、為替変動リスクがあります。

③信用（デフォルト）リスク

債券等を発行する国や企業が、財政難・経営不振などの理由により、利息や償還金をあらかじめ定めた条件で支払うことができなくなる可能性のことです。

④金利変動リスク

金利が変動する可能性のことです。一般的に、金利が上がると債券価格は下落し、金利が下がると債券の価格は上がります。また、満期までの期間が長い債券ほど、金利変動の影響を大きく受けます。

これらのリスクが顕在化することによって、元本が毀損する場合があることは、同協会も認めています。

実際、元本割れしている投資信託は数多くあります。プロが運用しているからといって、決して安心することはできないのです。

儲かっていると〝錯覚〟させる「タコ足分配型ファンド」に注意

投資信託の元本割れに関しては、とりわけ、前述した毎月分配型ファンドに対する

図表2-4　毎月分配投資信託　仕組み図

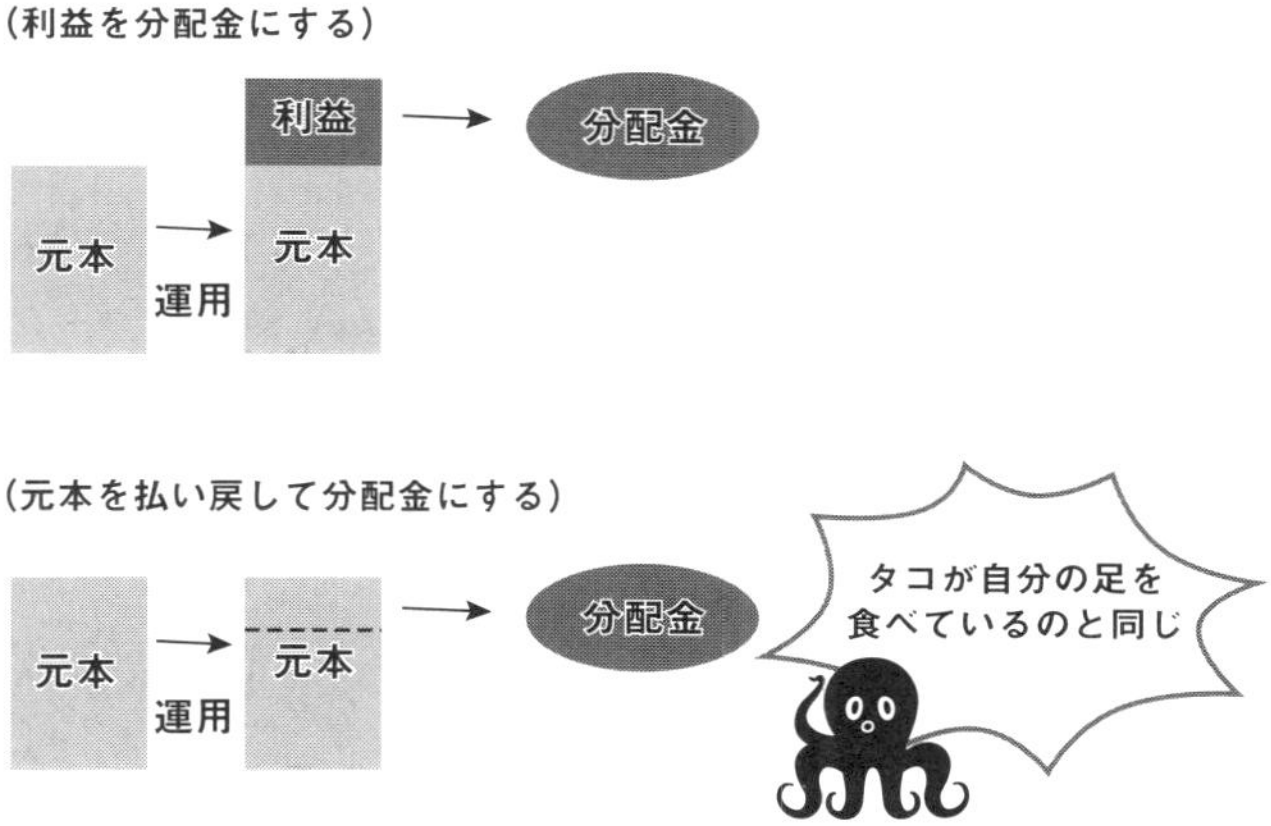

用心が必要になります。

毎月分配型ファンドは、毎月、12カ月分配金が入ってくるので一見、確実に利益が出ているように思えるかもしれません。

しかし、実際には利益が出ていないにもかかわらず分配金が払い込まれている、つまりは元本を取り崩して分配金の支払いがなされている場合も少なくありません。要するに、受け取っている分配金は、そもそも自分が投資信託を購入するために支払ったお金にすぎないのです。

このように分配金が元本からの払い戻しとなっている投資信託は、タコが自分の足を食べている姿に似ていることから、「タコ足分配型」などと揶揄されています。

「タコ足分配型」ファンドは、投資信託の購入者を「儲かっている」と錯覚させて、いたずらにまどわせる不適切なものといわざるをえません。にもかかわらず、投資信託を販売する銀行や証券会社が、この点について十分な説明を行っているとは言い難い状況があります。そのために、投資信託販売時の「説明義務違反」が問題となって訴訟で争われる例も現れています。

また、たとえタコ足分配の形にはなっていなかったとしても、毎月支払われる分配金には税金がかかるために投資効率が悪くなる点も、毎月分配型投資信託の難点として指摘されています。

トラブルだらけの投資信託――数百万円単位で損することも

さらに、投資信託は、仕組みが複雑であり一般の人には商品の中身が分かりにくいことからトラブルとなるケースも少なくありません。

たとえば、国民生活センターでは投資商品に関する苦情のデータをまとめています。図表2-5に挙げたように、近年は〝危険な金融商品〟の代名詞だった商品先物取引よりも投資信託に関する相談のほうが多くなっているのです。

また、新聞報道などでも、以下のように投資信託を巡るトラブルが頻繁に伝えられています。

「営業マンを信用して、老後の大切な資産を減らしてしまった」。千葉県の主婦(63)は悔やむ。大手証券会社の熱心な勧誘で、2年前にはじめて投資信託を購入。その後も勧められるままに別の投信や外国債券などを売り買いした結果、「投じた約3000万円が半分になった」。

このうち600万円を損したのが、「通貨選択型」と呼ばれる投資信託だ。債券や株式などの投資対象に加え、米ドルや豪ドルなどから通貨を選んで運用できる点に特徴がある。投資対象の運用成果のほか為替差益なども狙え、高収益を期待できるが、逆に転べば大損するリスクがある。

主婦は「多くの分配金を毎月受け取れる」といわれ、ブラジルレアルでの通貨選択

図表2-5　投資信託に関する苦情を示すグラフ

国民生活センターに持ち込まれた金融関連・商品サービスの相談件数

	2010年	2011年	2012年	2013年	2014年	2015年
投資信託	1,603	1,797	1,594	1,518	1,034	850
商品先物取引	3,597	1,509	900	869	562	302
外国為替証拠金取引	601	591	632	603	549	431
未公開株	8,561	7,385	4,914	3,215	1,721	599
怪しい社債	6,052	8,311	5,373	4,598	3,529	1,030
ファンド型投資商品	7,222	18,487	15,489	17,310	13,515	5,798

相談件数は2016年2月29日現在（2015年から経由相談［各地の消費生活センターの相談員からの相談を受ける窓口］の件数は除かれている）

出所：国民生活センターウェブサイトをもとに作成

型投信を約２０００万円購入した。投信の分配金は運用益からだけでなく、元本を取り崩して払われることがあり、資産の目減りにつながる。だが、主婦はこの点をきちんと説明されていなかった。その後、ブラジルレアル相場の下落などで、この投信は値下がり。昨年末に売却したが、戻ったのは約１４００万円だった。」（２０１２年４月17日付読売新聞）

このケースでは、投資信託のリスクの高さも示されています。この主婦のように、数百万円単位で損することも珍しくありません。投資信託は決して安全な商品ではないことはしっかりと認識しておく必要があるでしょう。

知られざる太陽光投資リスク――節税メリットは本当に大きいのか？

ここまで触れてきた株式や投資信託のような従来型の投資商品以外にも、新しいタイプの資産運用手段が続々と生み出されています。そうした新型の投資商品を販売する業者は、例外なくリターンの高さを謳っていますが、やはり何らかのリスクや問題が含まれていることを忘れてはならないでしょう。

ことに、最近、話題となっている「太陽光発電投資（太陽光投資）」に対しては十分な警戒が必要です。

太陽光投資は、購入もしくは賃借した土地に設置したソーラーパネルで発電した電気を電力会社に売却して収益を上げる投資手段です。

２０１２年７月に「再生可能エネルギーの固定価格買取制度（ＦＩＴ）」が導入さ

図表2-6　固定価格買取制度（FIT）の仕組み

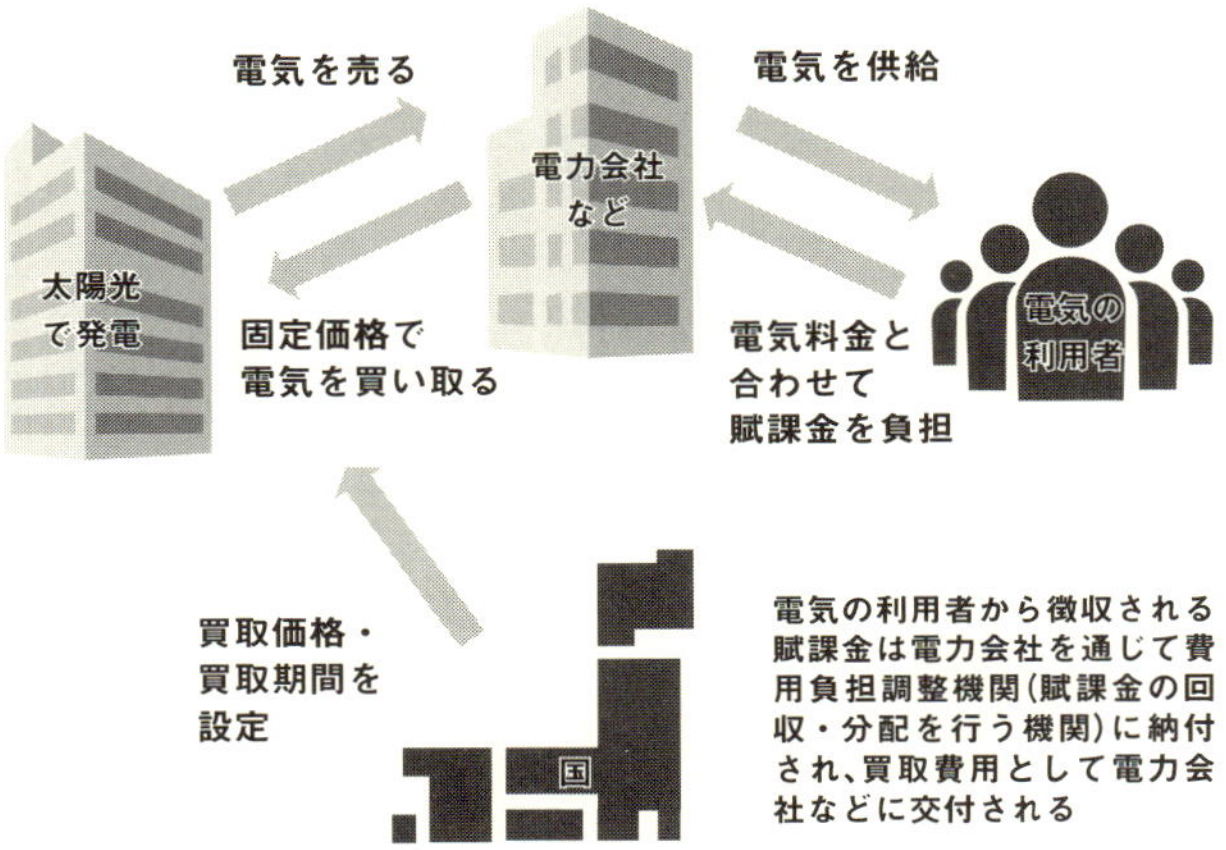

れたことにより、従来よりも利回りが大きくアップしたことで広く注目を集めることとなりました。このＦＩＴの具体的な仕組みについては図表２－６をご参照ください。

また、国が優遇税制として「即時償却」の制度を設けたことも、太陽光投資への関心を促す大きな要因となりました。

「即時償却」は購入した設備の取得価額を、通常の減価償却と異なり、購入した年に全額、経費として計上できる仕組みです。たとえば購入したソーラーパネルの費用を全てまとめて、太陽光投資によって得た収入から差し引くことが可能となります。

そのため、太陽光投資は「節税メリットも大きい」と見なされてきたわけです。

太陽光発電の買取価格は半値近くまで下がっている

高い利回りと大きな節税効果――この二つのメリットが今もまだ存在するのであれば、確かに太陽光投資は有望な資産運用手段の一つといえるでしょう。

しかし、太陽光投資を巡る状況は、この数年間で完全に様変わりしてしまいました。まず、投資利回りは電力の買取価格が引き下げられたために、大きく下落していきます。

FITが始まった2012年当時の「10キロワット未満」の買取価格は、図表2－7に示されているように1キロワット時当たり42円でした。

しかし、買取価格は同年をピークとして、それ以降は、38円、37円とひたすら下がり続けており、2016年の現在は31円となっています。「10キロワット以上」についても同様に40円から24円に下落しており、何と5年間で半値近くまで下がってしまったのです。

図表2-7　太陽光発電の買取価格推移

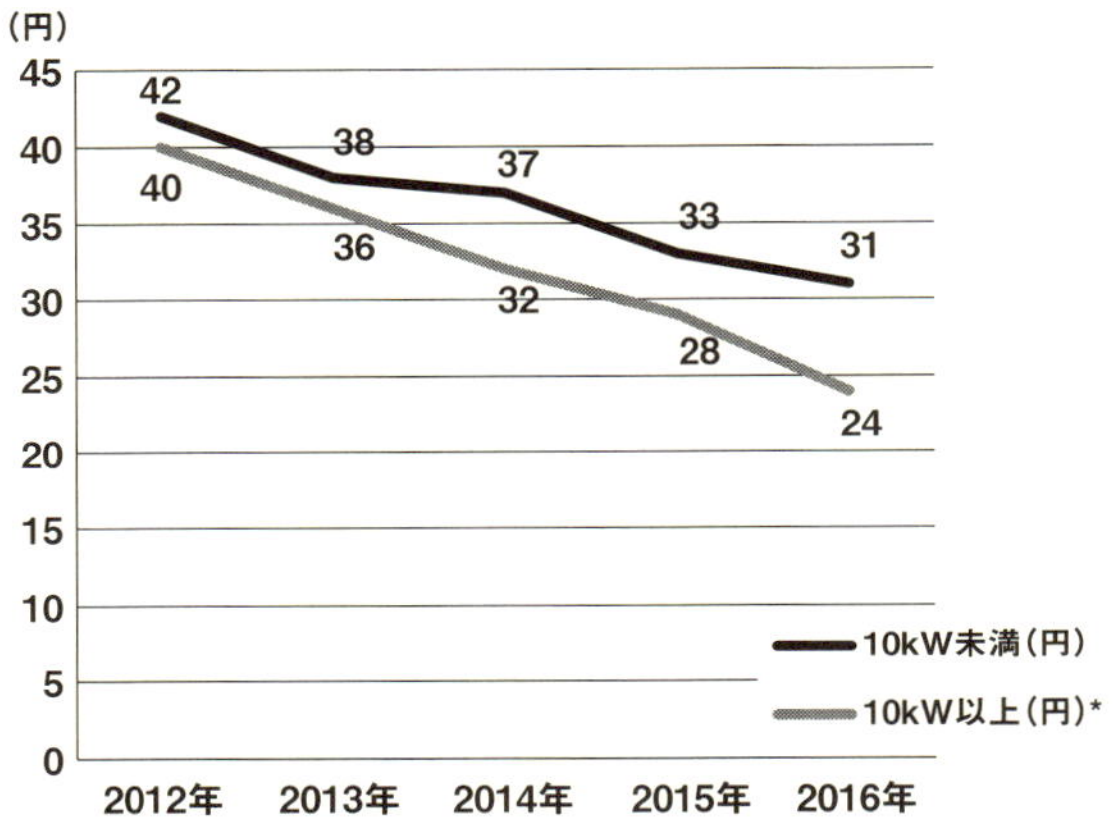

*プラス税金

また、太陽光投資の税制上のメリットである即時償却の優遇措置も2015年3月31日をもって終了しています。

なお、現在は「生産性向上設備投資促進税制」という別種の優遇税制で、取得価額の50％をまとめて経費として計上することが認められていますが、それも2017年3月31日で終了する予定です。

このように、太陽光投資のもつメリットはどれも失われており、その魅力はもはや色あせてしまったといえるのです。

ノルマ達成のためには手段を選ばない業者たち

ここまで述べてきた事実が示しているように、太陽光投資はすでに過去の遺物と化しています。

にもかかわらず、最近、私の周りにいる医師の方々から「太陽光への投資を考えているのだが、どうだろう」とアドバイスを求められることが多くなっています。

〝なぜ今頃?〟と不審に思ってその理由を尋ねてみると、みなさん口を揃えて「業者が勧めてきたから」という答えを返してきます。

そもそも、医師の方々は多忙なために、投資に関する一般的な知識や最新事情をおさえる時間も余裕もありません。

「〝情報音痴〟の医師なら、〝儲かる〟とうまくそそのかせば、時代遅れの太陽光でも喜んで投資するだろう」

そんな邪《よこしま》な思惑をもった業者が、医師に対して営業攻勢を盛んにしかけてきているというわけです。

このように、世間知らずの医師を〝カモ〟にしようとする業者がいるのは、決して太陽光投資に限った話ではありません。

証券会社の営業マンも、前述した株式や投資信託のリスク、問題点を十分に伝えず曖昧にしたまま、「ノルマを上げるためには顧客が損しても構わない」と、ひたすら自分たちの利益ばかりを考えて医師に商品を売りつけてきます。

ハッピーリタイアのために投資で資産を増やすためには、医師を食い物にしようとするこうした不誠実な業者や営業マンたちの甘い言葉に欺かれないことが、何よりも大切になるのです。

第3章

レバレッジ効果と安定のキャッシュフローでお金を効率よく増やす

早期に資産形成できるのは「信用力」を生かせる不動産投資だけ

「医師だからこそできる不動産投資」でハッピーリタイアをかなえる

株式投資も投資信託もだめ、太陽光投資も今からでは遅すぎる……。

「では、どうすればよいのだ。医師を辞めても悠々自適の生活を送れるだけの資産をどうやって作ればよいのだ――」

ここまで読んできた人の中には、思わずそんな問いかけの言葉を発したくなった方もいることでしょう。

ご安心ください。

まさにその問いに対する答えが、すなわち医師の方々にとって最も理想的な資産作りの方法こそが本書のテーマである「不動産投資」なのです。

不動産投資には、他の資産運用手段にはないさまざまな独自のメリットや注目すべき特質があり、しかも、それらのメリットや特質によってもたらされる資産形成の効果は、後述するように医師という立場にあることによって2倍、3倍にもなります。

その結果として、「お金が次々と生み出される仕組み」が作り上げられ、ハッピーリタイアを実現できるだけの資産を確実に手に入れることができるのです。

「不動産投資については何も分からない」という方でもまったく大丈夫です。今から、その中身について詳しく解説していきましょう。まず、本章では、「不動産に投資することでどのようなメリットが得られるのか」「投資対象となる不動産にはどのような種類があるのか」など不動産投資のイロハについて紹介しましょう。

不動産投資のメリット①　高い利回りでキャッシュが安定して入ってくる

不動産投資の第一のメリットは「高い利回り」です。

基本的なことから述べると、不動産投資によってもたらされる収益には、株式と同様に「インカムゲイン」と「キャピタルゲイン」があります。

インカムゲインは、不動産の運用によって得られる収益、すなわち賃料収入です。

図表3-1　利回りを比較したグラフ

■1,000万円を不動産投資で運用した場合

利回りが５%の場合

１年間で50万円、５年間で250万円、10年間で500万円の賃料収入が得られる。

利回りが10%の場合

１年間で100万円、５年間で500万円、10年間で1,000万円の賃料収入が得られる。

■1,000万円を銀行預金で運用した場合

普通預金（金利が0.001%）の場合

１年間で100円、５年間で500円、10年間で1,000円の利息しか得られない。

定期預金（金利が0.01%）の場合

１年間で1,000円、５年間で5,000円、10年間で１万円の利息しか得られない。

一方、キャピタルゲインは、購入した不動産を売却したときに得られる売却益のことです。この両者のうち、不動産投資の利回り（表面利回り）を考えるうえで基本となるのはインカムゲインであり、「年間賃料÷不動産の購入価格」によって求められます。たとえば、１０００万円で購入した不動産で1年間に60万円の賃料収入を得られるのであれば、表面利回りは６%になります。

この不動産投資の表面利回りは最低でも5~6%、多い場合には10%、20%になることも十分に期待できます。

現在、普通預金の金利は０・００１%、定期預金は前述したように０・０１%です

から、銀行に預けている場合に比べれば、数十倍、数百倍以上のリターンを得ることができるわけです。

しかも、預金の利息が口座に振り込まれるのは年に2回程度ですが、賃料は毎月入ってきます。つまり、不動産を持ち続けている限り、打ち出の小槌のように黙っていても、12カ月間、安定したキャッシュを手にすることができるのです。

不動産投資のメリット②
「モノ」である不動産は価値を失うことがない

また、不動産投資は「モノ」を所有しているという絶対的な安心感をもたらしてくれます。

株式は最悪の場合、〝紙くず〟になってしまうことがあります。すなわち株式を発行している企業が倒産すれば、購入したときには何百万円も払った株式であってもまったく価値がなくなってしまいます。

一方、不動産は「モノ＝実体のある財物」であることからその価値が完全に失われることはありません。土地はもちろんのこと、建物も経年劣化して価格が下がることはあれ、まったくの無価値になることはありません。たとえば築50年を過ぎた中古のボロボロのマンションでも、売りに出せばいくらかの買い値は付くでしょう。

そもそも、不動産は衣食住の中心となるものであり、人が生きていくうえで、なくてはならないものです。株式や投資信託がこの世からなくなっても日々の生活に困ることはありませんが、不動産がなければ大変なことになります。

このように、不動産は誰もが必要とするものであることから、資産として無価値になることは絶対にないのです。

不動産投資のメリット③
他人のお金を使ってレバレッジをかけることができる

そして、不動産投資の最大のメリット――それは「他人のお金で投資できる」ということです。

たとえば「株式に投資したいのでお金を貸してほしい」と銀行に頼んだとしても、まず間違いなく断られるはずです。

しかし、不動産であれば、所定の融資条件が満たされてさえいれば、銀行のほうから進んでお金を貸してくれます。しかも、不動産を購入するのに必要な資金の一部だけではなく、全額を貸してくれることも珍しくはありません。

そして、この「他人のお金で資産運用できる」という特質がある結果として、不動産投資では、自己資金だけで行う場合よりもはるかに多くのリターンを得ることが可能となります。

具体的な例を挙げて見てみましょう。

ともに2000万円の資金を持ち、同じ時期に不動産投資を始めたAさんとBさんがいたとします。

Aさんはその自己資金で、つまりは2000万円で利回り6%の物件を購入しました。

一方、Bさんは自己資金に加えて、金利1%で銀行から3000万円を借り入れし、合計5000万円で、利回り6％の物件を購入しました。

このとき、二人はそれぞれどれだけのリターンを得ることができるでしょうか。

まず、Aさんが物件から得られる年間収益は120万円になります。それに対して、Bさんは300万円で、そこから銀行に支払う年間利息額の30万円を差し引くと、実質的な収益は270万円になります。

Aさんは120万円、Bさんは270万円――二人とも自己資金は同じ額でしたが、Bさんは借り入れをすることによって、最終的にAさんの2倍以上の利益を手にすることができたのです。

このように、〝他人のお金〟を利用することで、より多くの利益を得られる効果を「レバレッジ効果」といいます。レバレッジとは「テコの原理」のこと。自己資金は少なくとも借入金の力によって多額の利益を得られることが、小さな力でも大きなモノを動かせるテコをイメージさせることから、そう呼ばれています。

不動産投資では、レバレッジ効果をフル活用することで短い期間で資産を2倍、3倍に大きく増やすことが期待できるのです。

図表3-2　レバレッジ図

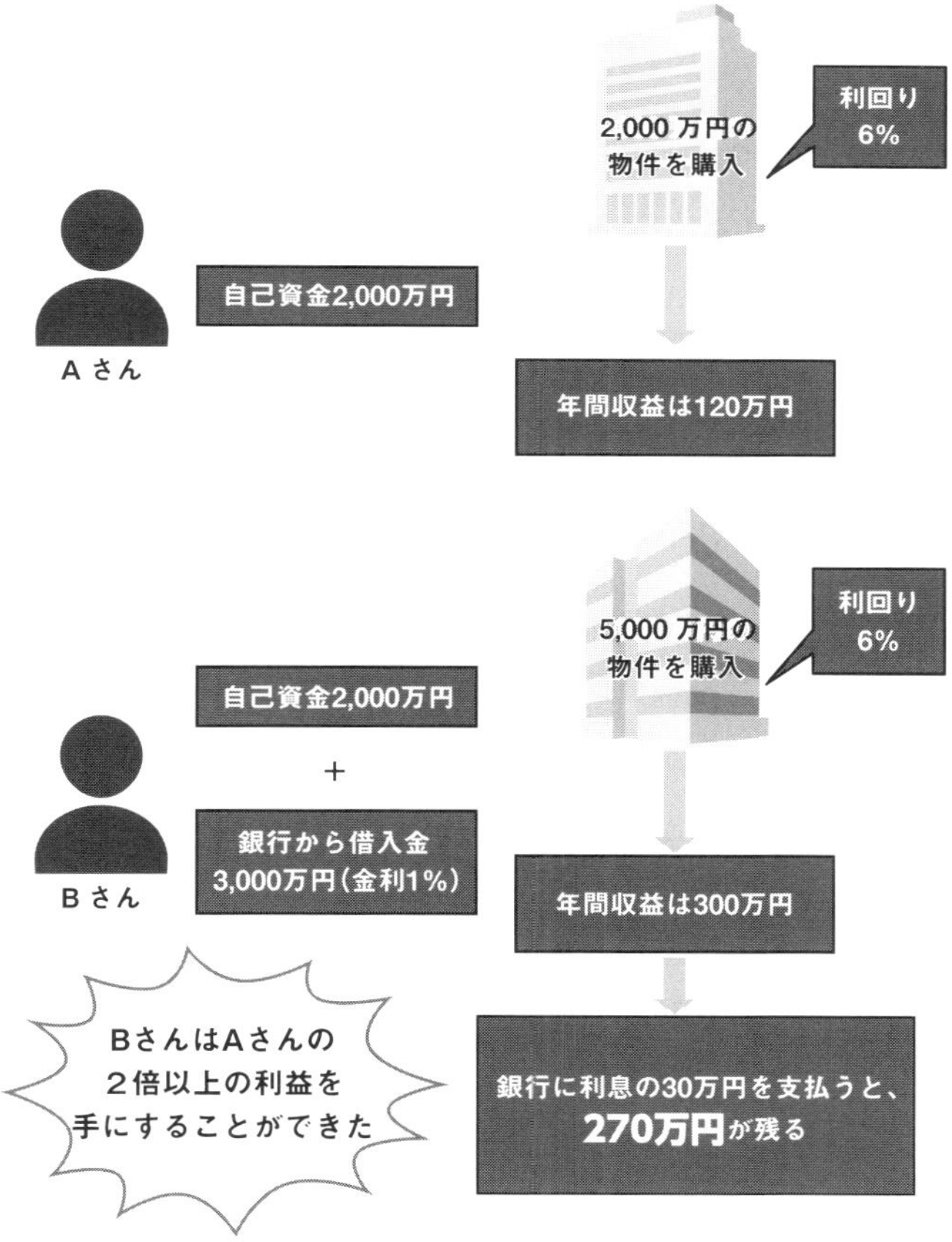
2,000 万円の
物件を購入
利回り
6%
自己資金2,000万円
A さん
年間収益は120万円
5,000 万円の
物件を購入
利回り
6%
自己資金2,000万円
＋
銀行から借入金
3,000万円（金利1%）
B さん
年間収益は300万円
Bさんは Aさんの
２倍以上の利益を
手にすることができた
銀行に利息の30万円を支払うと、
270万円が残る

医師はレバレッジを最大限にきかせられる

そして、この「他人のお金で投資ができる」「レバレッジをかけて資産をどんどん増やせる」という不動産投資のメリットを最大限に活用するうえで、医師という立場にあることはこのうえもなく有利に働くのです。

なぜでしょうか。

端的にいえば、銀行にとっては、最もお金を貸したい相手が医師だからなのです。

そもそも、銀行が融資の可否や融資金の額を決める場合に基準としているのは、客の信用力であり、その中身としてはまず第一に収入の額が考慮されることになります。

では、医師の収入は……。

ここで比較のため、まず一般企業に勤める人たちの平均収入を確認しておきましょう。

国税庁がまとめている「民間給与実態統計調査」(平成26年分)によれば、1年を通じて勤務した給与所得者の1人当たりの平均給与は、以下のような額になります。

・平均：415万円
・男性：514万円
・女性：272万円

給与には、月給に各種手当が加算され、さらにボーナス（賞与）が加えられています。また、平均年齢は男性が45・4歳、女性が45・6歳、勤務年数は男性が13・4年、女性が9・9年になります。

なお、業種別の平均給与は図表3－3に挙げたグラフのような形になっています。

図表3-3　業種別の平均給与

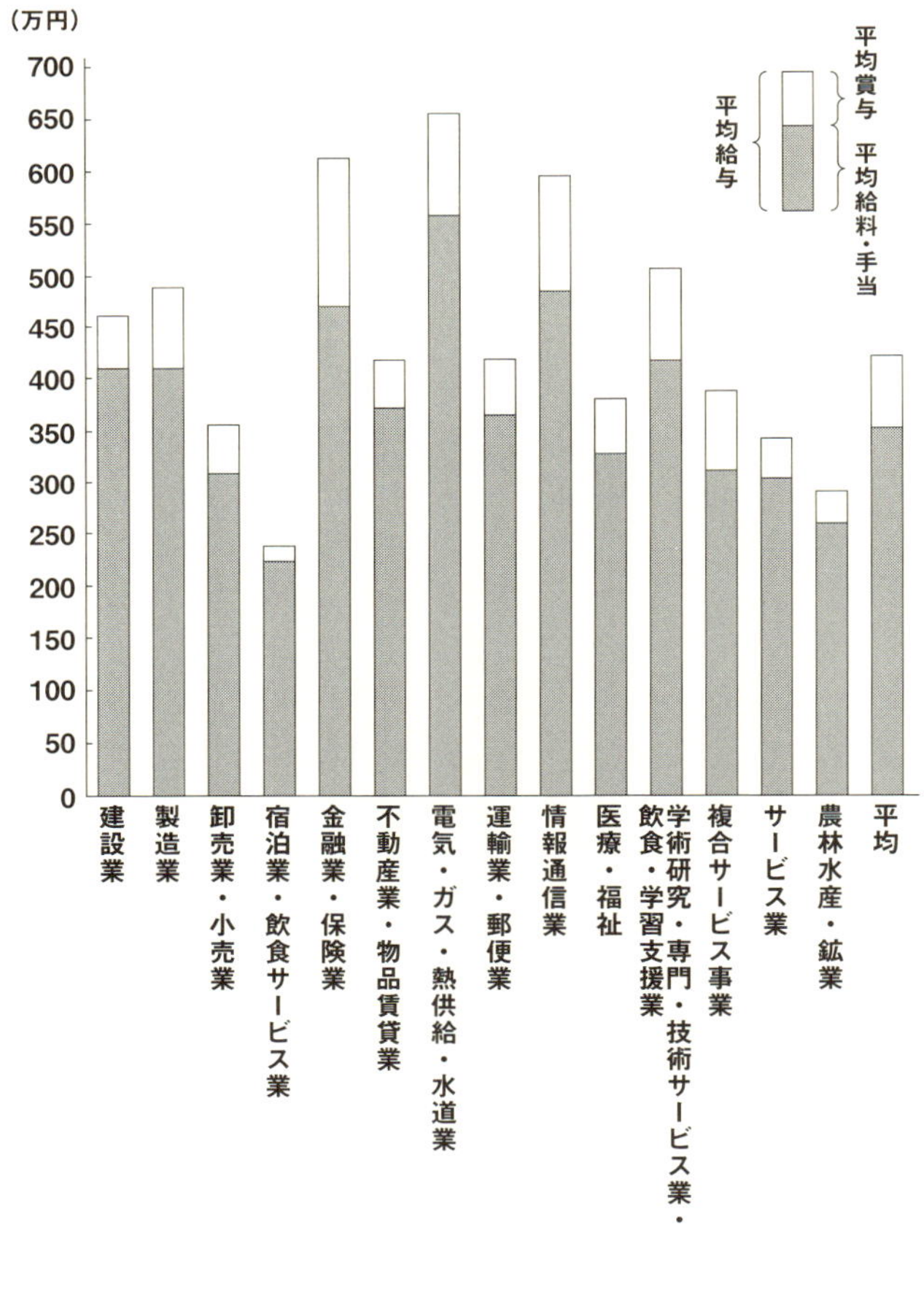

出所：国税庁「民間給与実態統計調査」(平成26年分)をもとに作成

医師の平均年収は一般の人たちの3倍

一方、医師の収入は先に挙げた給与所得者の平均給与のはるか上をいきます。厚生労働省が2年に1回行っている「医療経済実態調査」によれば、一般診療所の院長の年収（給与と賞与を足した金額）は、２０１４年度の平均で２９１４万円、民間の病院で働いている勤務医は、その半分程度に当たる１５４４万円でした。

ちなみに、院長か勤務医か、所属が国立病院か民間病院かなどを基準にして、年収の高い順に並べると以下のようになります。

①民間病院の院長　２９３０万円
②一般診療所の院長　２９１４万円
③国立病院の院長　１９３３万円
④民間病院の勤務医　１５４４万円

⑤国立病院の勤務医　１４２５万円
⑥一般診療所の勤務医　１２１５万円

収入が最も少ない一般診療所の勤務医でも、一般の人たちの平均給与の３倍以上の年収を得ていることが分かります。

医師の信用力が高い理由——揺るぎない「安定」と「信頼」

また、信用力を評価する基準としては、「収入が途絶えるリスク」も考慮されます。たとえば、収入の面では、中小企業の経営者などの中にも医師を上回る人がいるでしょう。しかし、企業経営者はどんなに稼いでいても医師ほどの信用力は得られません。

会社経営には浮き沈みが伴います。今は成功している企業でも、突然リーマンショックのような事態が起きて倒産しないとは限りません（ちなみに、設立してから10年以上存続できる企業は1割に満たないといわれています)。会社が倒産すれば、経営者は収入を失い、そのうえ、通常は、会社の債務を個人保証しているので、莫大な借金も背負うことになります。

一方、医師は、開業医であれば、万が一、経営していたクリニックが倒産したとしても、他のクリニックや病院で勤務医として働くことが可能です。しかも、医師不足の今の状況下であれば、すぐさま高い給料で雇ってもらえるのは間違いありません。

このように「収入が途絶えるリスク」が限りなく低いことも、医師の信用力が高い理由となっているのです。

医師は不動産投資における「特権階級」

ここまで見てきたように、収入が並外れて大きく、しかもそれが途絶えるおそれがないことから、どの銀行も医師の信用力を最高レベルで評価しています。

そのため、「不動産投資をしたい」といえば、銀行は二つ返事で融資してくれますし、しかも通常の場合に比べて融資額を優遇してくれることが少なくありません。

たとえば、私の知るある医師の方は、物件の評価だけであれば本来、1500万円しか借りられないようなケースで、2700万円の融資を得ることができました。銀行から好条件で工面したお金で不動産に投資し、そこで儲けたお金でさらに別の不動産に投資していく——これを繰り返すことによって、数億、数十億の資産を短期間のうちに築き上げている例は珍しくありません。

このように、医師の方々は自らの信用とレバレッジをフル活用することで、元の資産を何倍にでも膨らませることができるチャンスを与えられた、不動産投資における〝特権階級〟ともいえる人たちなのです。

不動産投資は相続、節税対策にも効果絶大

不動産投資のメリットとしては「相続税対策にもなる」ことも挙げられます。

医師の方々の中には親などから多額の資産を受け継いでいる人も少なくないでしょう。そのような人たちは、自らが子どもに将来残す財産について「できるだけ相続税を減らしてあげたい」という思いを抱いているはずです。しかも、2015年には税制改正が行われ相続税の負担がより重くなりました。効果的な相続税対策の手段を求める気持ちはますます強まっているはずです。

不動産投資は、そうした思いをかなえる手段としても活用できるのです。

まず、単に不動産を購入するだけでも、相続税を少なくすることができます。相続した資産の評価額は、現金、預貯金よりも、不動産の形で持つほうがはるかに低くなるためです。

また、不動産を購入するために、銀行からお金を借りれば、相続税はより一層下が

図表3-4　不動産投資をすれば相続税も下がる

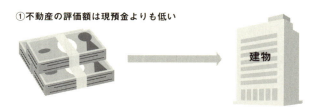

①不動産の評価額は現預金よりも低い

たとえば建物の相続税評価額は時価の70〜80%まで下がる

②銀行から不動産購入のためにお金を借りると相続税は少なくなる

借入金は相続税を計算する際に相続財産から差し引くことができる

③不動産を貸すことで評価額はさらに下がる

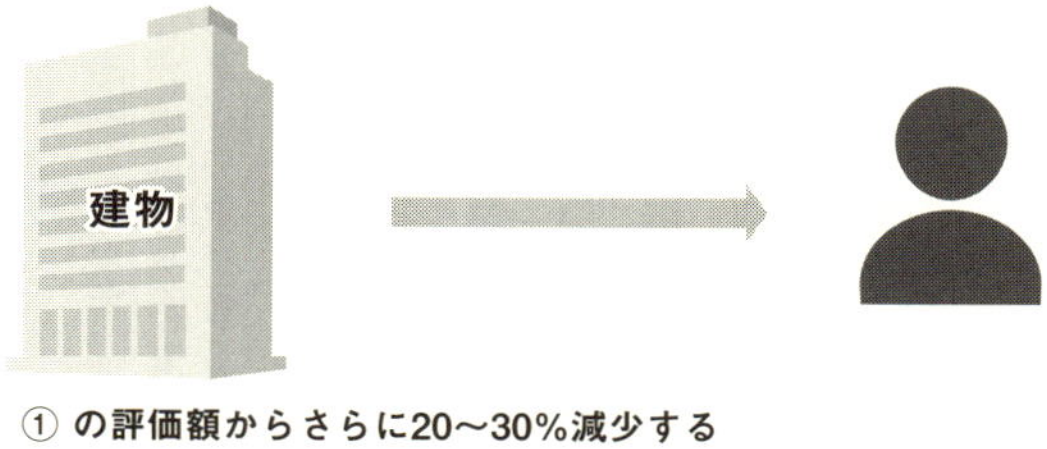

① の評価額からさらに20〜30%減少する

ります。借金が多くなればなるほど、相続税の対象となる資産の総額が減ることになるからです。

さらに、他人に貸している不動産は所有者の使用する権利等が制限されているので、評価額が低く見積もられる仕組みになっています。

このように、不動産投資を行うことにより相続税が大きく減少する結果を期待することもできるのです。

不動産投資は選択肢が幅広く、リスクを分散できる

加えて、分散投資を効果的に行えることも不動産投資のメリットといえるでしょう。

分散投資とは、その名の通り資産を一つだけではなく複数に分散して持つことです。

株式を例にして分散投資を行うことの意味を説明しましょう。

たとえば、全財産でA社の株式を購入した場合、A社が倒産してしまえばその株式

図表3-5　分散投資の図

分散投資の意義はしばしば「全ての卵を1つのバスケットに入れるな」という格言で言い表される。

■全ての卵を1つのバスケットに入れていた場合

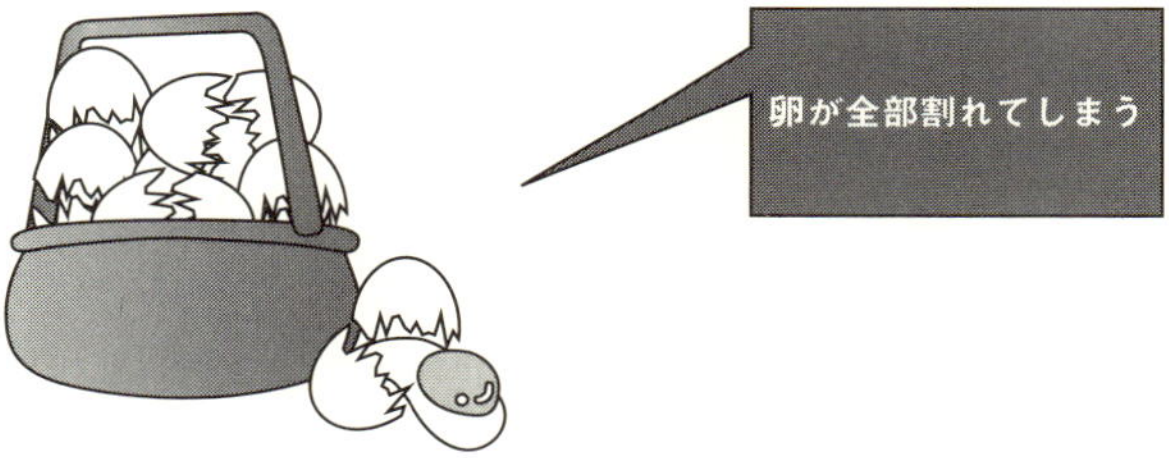
卵が全部割れてしまう

■卵を3つのバスケットに分けていた場合

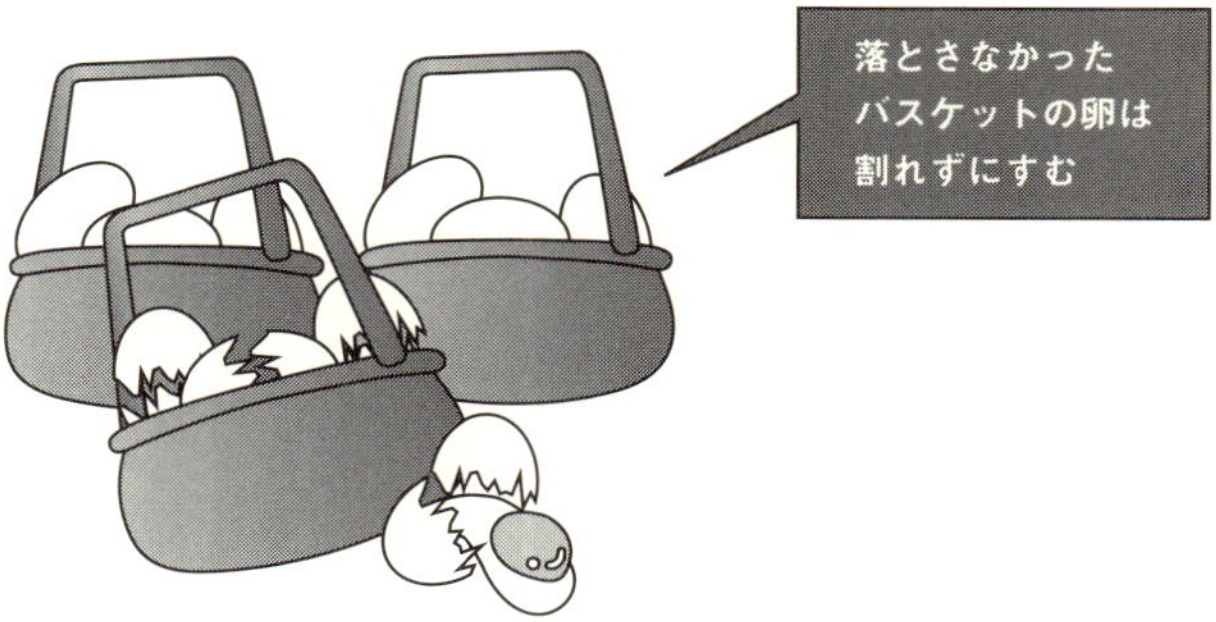
落とさなかった
バスケットの卵は
割れずにすむ

は「無価値＝紙くず」になってしまいます。その結果、全ての財産を失ってしまうことになります。

一方、A社のほかに、B社、C社の株式を購入していれば、A社の株式が無価値になったとしても、B社、C社の株式によって損失をカバーすることが期待できるでしょう。

このようにリスクを分散するために、一つの資産ではなく複数の資産で運用するのが分散投資のポイントなのです。

不動産投資では、後述するように投資対象として多様な選択肢があります。それらを組み合わせることによって、さまざまな形で分散投資を行うことが可能となるのです。

投資対象となる「5つの不動産」とは何か？

不動産投資では、主として5つのタイプの不動産が投資対象の候補となりえます。

図表3-6　投資対象となる5つのタイプの不動産

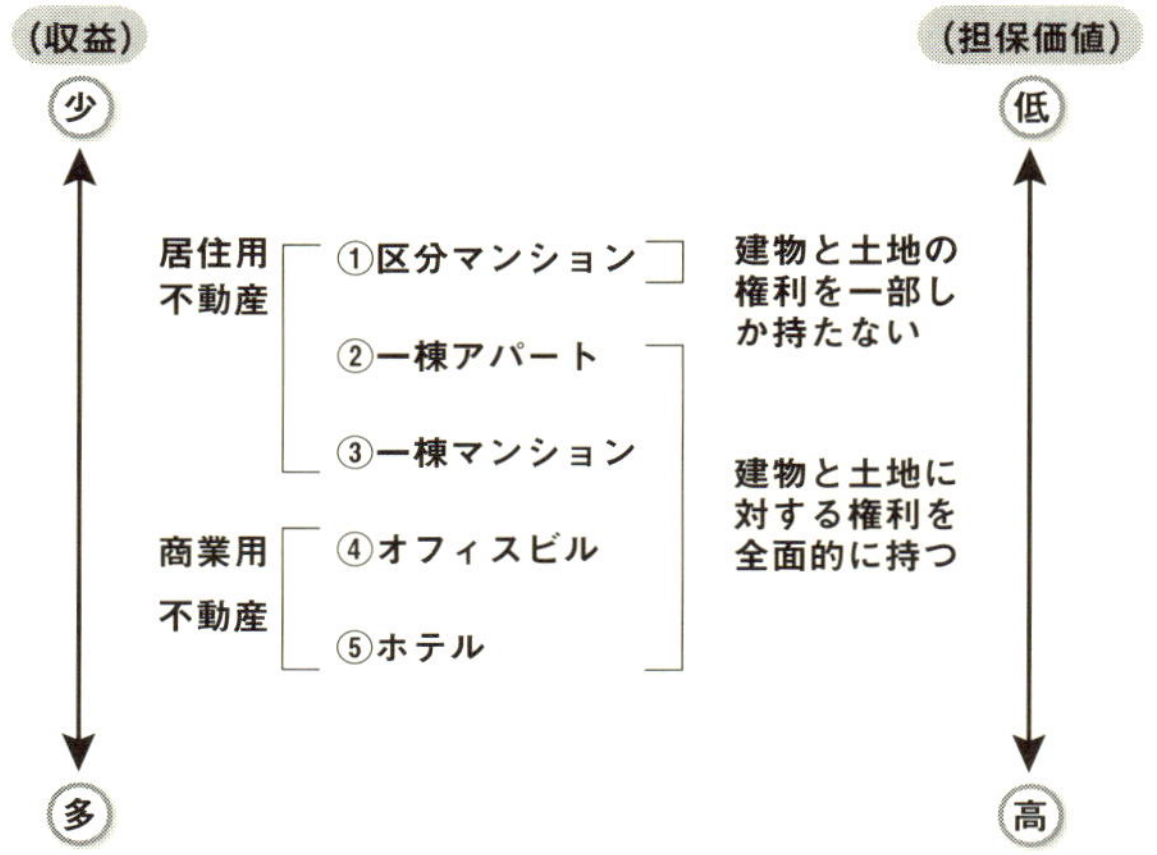

すなわち、①区分マンション、②一棟アパート、③一棟マンション、④オフィスビル、⑤ホテルです。

このうち、①についてはオーナーが建物（マンション）と土地の一部に対する権利しかもたないのに対して、②～⑤は建物と土地の全体に対して権利を持つことになります。

また、①から③は居住用不動産であるのに対して、④と⑤は商業用不動産になります。そのため、①から③よりも④と⑤のほうが、より高い収益を期待できるでしょう。

これらの5つのタイプの中からどれを投資対象として選ぶのが適切なのかは、用意できる資金の額や各自の投資スタンスなどによっても異なってきますので一概にはいえませんが、どのタイプの不動産に投資するにせよそれぞれの特質について十分に理解しておくことが必要となります。

そこで、以下では①から⑤のメリット、デメリットについて順に詳しく確認しておきましょう。

【投資対象不動産①】区分マンションはリスクを分散しやすい

まず、①区分マンションのメリットとしては、管理・運営のしやすさが挙げられます。物件の修繕一つとっても、一棟アパート、一棟マンションの場合には建物全体に目を配らなければならないのに対して、区分マンションは所有・賃貸している部屋に注意を払えばよいだけです。

また、第二のメリットは、リスクの分散を効率的に行えることです。たとえば、一棟アパートの一室で居住者が殺される事件が起こったら、残りの部屋の入居者も退去したり、空いている部屋に人が入らなくなるおそれがあります。

一方、区分マンションをそれぞれ違うエリアに複数所有している場合には、仮に同様の事件が起こったとしても人が入らなくなるのはそのマンションだけで、他の場所にある物件には事件の影響が及ぶことはないでしょう。

このように空室となるリスクを容易に軽減できることは区分マンションの非常に大きな強みといえます。

さらに、現在、東京都内、ことに山手線の内側エリアでは不動産価格高騰のために、一棟アパート、一棟マンションを新規に購入することは困難になっています。しかし、区分マンションであれば山手線内側の一等地であってもまだまだ優良物件が豊富に残っています。

他方、デメリットとしては、土地を持分の形でしか所有することができないことが挙げられるでしょう。後述のように銀行は融資の際に土地の価値を非常に重視するので、土地全体を所有できない区分マンションの資産価値は一棟アパートや一棟マンションよりも低く評価されることが避けられません。

図表3-7 区分マンションはリスク分散できる

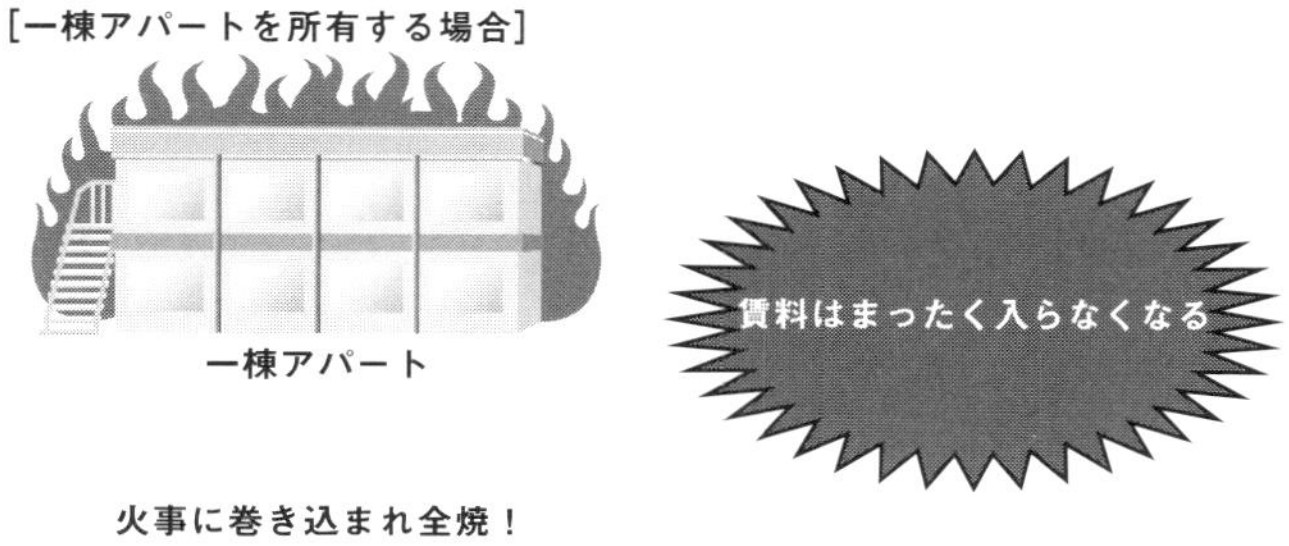
[一棟アパートを所有する場合]
一棟アパート
賃料はまったく入らなくなる
火事に巻き込まれ全焼！

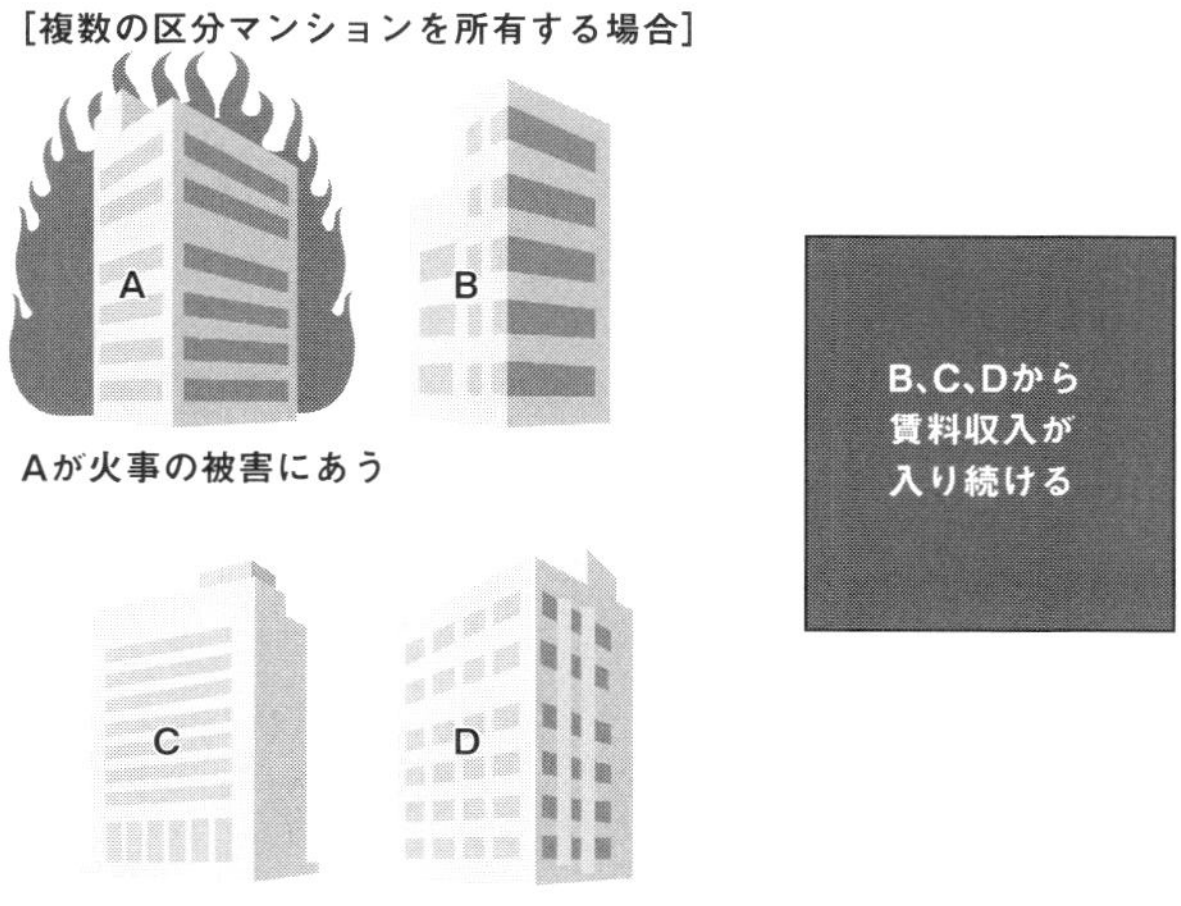
[複数の区分マンションを所有する場合]
A
B
Aが火事の被害にあう
C
D
B、C、Dから
賃料収入が
入り続ける

【投資対象不動産②】
一棟アパートには土地があり、価値が下がりにくい

②一棟アパートの何よりも大きなメリットは、区分マンションと違い「土地を全て持っている」ということです。建物は年数がたてば「資産価値＝担保価値」がどんどん下がっていきます。しかし、土地は建物のように経年劣化して担保価値が下がるようなことはありません。

そのため、評価の高い土地を担保に入れることにより、レバレッジを大きくかけることが可能となり、次の物件を購入することが容易になります。

また、一棟アパートは区分マンションに比べて当然、ボリュームが大きくなります。つまりは総戸数が増えるので、それだけ賃料収入も大きくなるわけです。

さらに、建物の一部だけでなく全体に権利をもっていることから、部屋を普通に賃貸するだけではなく、より幅の広い多様な運用が可能となります。

たとえば、今であれば、「シェアハウス」として貸し出すという選択肢も考えられ

図表3-8　シェアハウスの市場規模推移

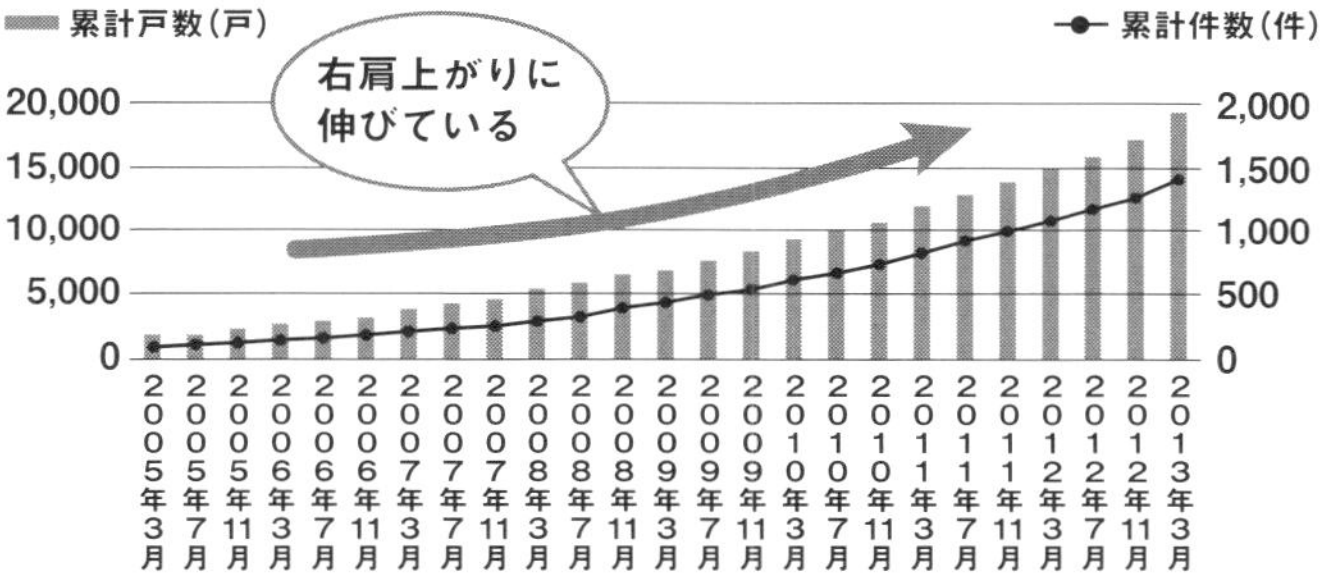

シェアハウス専門のポータルサイト「ひつじ不動産」公開の情報によれば、2013 年 3 月時点で同社の把握戸数は全国で 19,208 戸、物件数は 1,378 件 となっている。市場への供給数は直近 8 年で約 10 倍と、急拡大している（ひつじ不動産登録物件数をオープン日で集計、オープン日が不明な物件は割愛）。

出所：三菱UFJリサーチ＆コンサルティング「賃貸住宅における新たな価値提案 ~シェアハウスの可能性~ 」をもとに作成

るでしょう。

シェアハウスとは、共同利用できる共有スペースを持った賃貸住宅です。不動産投資の先進国である欧米諸国では、シェアハウスへの投資が盛んに行われています。それに比べれば、日本はまだまだ普及度が低いため、今後、欧米並みに一般化するだけでも、シェアハウス市場は大きく拡大する可能性があるといわれています。

また、建物の建て替えが必要になったときに自分一人の意思で行えることも一棟アパートの大きなメリットでしょう（区分マンションの場合には、他の住人の同意も必要となります）。

一方、デメリットは、区分マンションに

比べリスク分散をしにくいことです。この点は、一棟タイプの不動産全てに当てはまるといえます。

【投資対象不動産③】一棟マンションは耐用年数が長い

③一棟マンションのメリット、デメリットについては、一棟アパートについて述べたことがほぼ共通して当てはまりますが、若干の相違点もあります。

まず第一は、「総戸数」、つまりは部屋の数です。

アパートは、通常、2階建てであり、部屋の数は12部屋、多くても18部屋程度が限度でしょう。

一方、マンションは、3階建て、4階建ては当たり前であり、さらにはタワーマンションのように20階、30階以上の階数のものも珍しくありません。それだけの規模になれば、総戸数は軽く100を超えてしまいます（ちなみに東京都では、3階建ての賃貸マンションが最も多くを占めています)。

戸数が多くなればそれに比例する形で家賃収入が増えます。その結果、毎月のキャッシュフローは、区分マンションはもちろん一棟アパートよりも多く確保することが可能となるでしょう。

さらに、アパートとの第二の違いは「構造」です。

アパートでは木造や鉄骨のつくりとなっているものが多いですが、マンションは鉄筋コンクリート(RC)もしくは鉄骨鉄筋コンクリート(SRC)が一般的です。

木造や鉄骨に比べてRC、SRCは耐用年数が長いので物件に対する銀行の評価がより高くなります(そもそも、総戸数の多いマンションは必然的に土地の面積が広くなるので、それだけ評価も高くなります)。

一方で、RC、SRCは木造や鉄骨よりも建設費がかかります。つまり、一棟マンションのほうがよりコストがかかるわけで、この点はアパートと比べた場合のデメリットといえるかもしれません。

【投資対象不動産④】
オフィスビルの収益性はマンションの1・5倍以上！

次は、④オフィスビルです。

まず、メリットとしては、今まで述べてきた区分マンションや一棟アパート、一棟マンションよりも収益性が高いことが挙げられます。坪単価で平均すれば、オフィスビルに投資すればマンションの1・5倍以上の賃料収入を上げることができます。たとえばマンションでは月8万円が限度のような立地でも、オフィスであれば20万円で貸し出すことも十分に可能です。

また、初期の投資額（イニシャルコスト）もマンションなどの居住用物件に比べれば低くおさえられます。マンションは各部屋の水回り部分や共用部を整えることが必要になります。それに対して、オフィスはそれらの整備が不要もしくは最小限のもので足りるので、その分だけ建築費用が安く上がります。その結果、トータルで見た利回りはマンションよりもはるかに大きくなるでしょう。

一方、オフィスのデメリットは、稼働率がその時々の経済状況に大きく左右されてしまうことです。そのため景気が悪くなるとテナントがつきづらくなり、賃料収入を十分に確保することが難しくなるかもしれません。

【投資対象不動産⑤】ホテルの需要アップで莫大な利益が期待できる

最後に⑤ホテルのメリット、デメリットについて見ていきましょう。

ホテルは、成功すればオフィス以上に大きな〝成果〟を手にすることができます。得られる利益は文字通り、青天井となるはずです。そのために、「不動産投資の最終的なゴールはホテルである」ともいわれています。

日本が観光立国を目指しているなかで、海外からの観光客が急増しており、これからホテル市場が大きく拡大していくことは間違いありません。したがって、長期にわたり安定した稼働率が期待できるはずです。

図表3-9　ホテルの稼働率推移

平成28年4月の客室稼働率は全体で58.4%。現在の集計方法となった平成23年以降、4月としては過去最高の稼働率を記録した。また、ビジネスホテル(73.9%)、リゾートホテル(53.9%)、旅館(33.5%)も、4月としては過去最高となった。

(%)

	全体	旅館	リゾートホテル	ビジネスホテル	シティホテル	簡易宿所
H28.4	58.4	33.5	53.9	73.9	79.8	23.7

－施設タイプ別客室稼働率の推移－

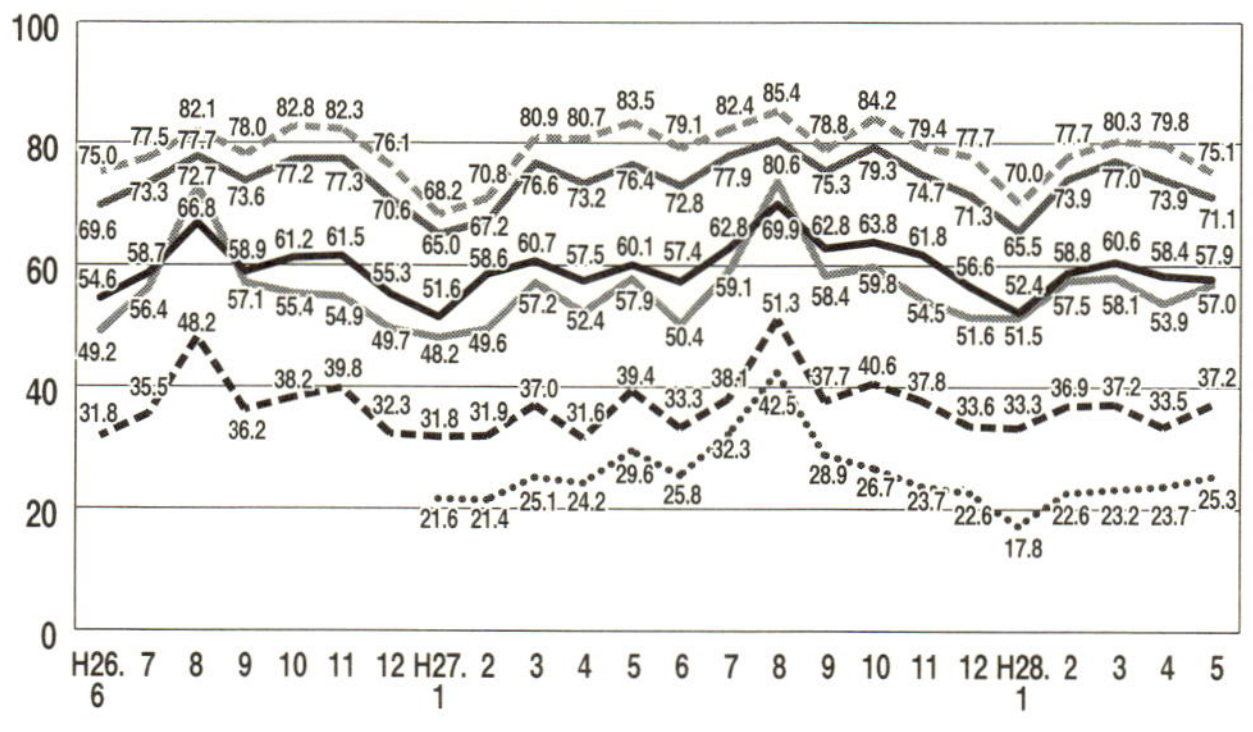

出所：観光庁「宿泊旅行統計調査」(平成28年4月・第2次速報、平成28年5月・第1次速報)をもとに作成

一方、ホテルのデメリットは、その収益が、運営するオペレーターの経験や能力の優劣によって大きく影響されることです。運営能力の劣ったオペレーターに委ねてしまうと、収益性が大きく損なわれるおそれがあります。

そのため、ホテル投資では、オペレーターの選択が非常に重要なポイントとなるでしょう。

そのような意味では、ホテルへの投資は不動産投資というよりも、むしろ事業投資に近く、区分マンションや一棟アパート、一棟マンション、オフィスビルに投資する場合とは異なる心構えが求められることになるかもしれません。

海外不動産投資は信頼できるアドバイザーに相談する

なお、分散投資の観点からは、国内だけでなく海外の不動産に投資するという選択肢も考えられるでしょう。

先に述べたように、日本の不動産は海外の投資家によっても購入されています。それと同様に、日本以外の国の不動産にも投資を行っていくのです。

投資対象エリアとしては、少し前まででであれば、中東ドバイが有望と見られていましたが、物件の価格がやや高くなりすぎた感があります。代わって今は、経済発展が著しく、マーケットの拡大が期待できる東南アジアへの不動産投資が盛んになっています。

実際、「購入した土地の値段が1年で何倍にもなった」という例も伝えられています。こうした多額のキャピタルゲインを得ることも夢ではないのが海外不動産に投資する魅力の一つといえるでしょう。

しかし、一方で、「お金を払ったのに約束されていた土地が手に入らなかった」などといった詐欺的な話も少なくありません。したがって、海外不動産に投資する際には、信頼できるアドバイザーに相談しながら、現地の不動産市場について事前に十分な調査を行うことが望ましいといえるでしょう。

図表3-10　アジア等の都市の戸建住宅地の調査地点の住宅価格の比較（為替レートによる。東京を100とした指標。）

アジアではシンガポール、北京、香港の戸建住宅地の住宅価格が東京を上回っている。

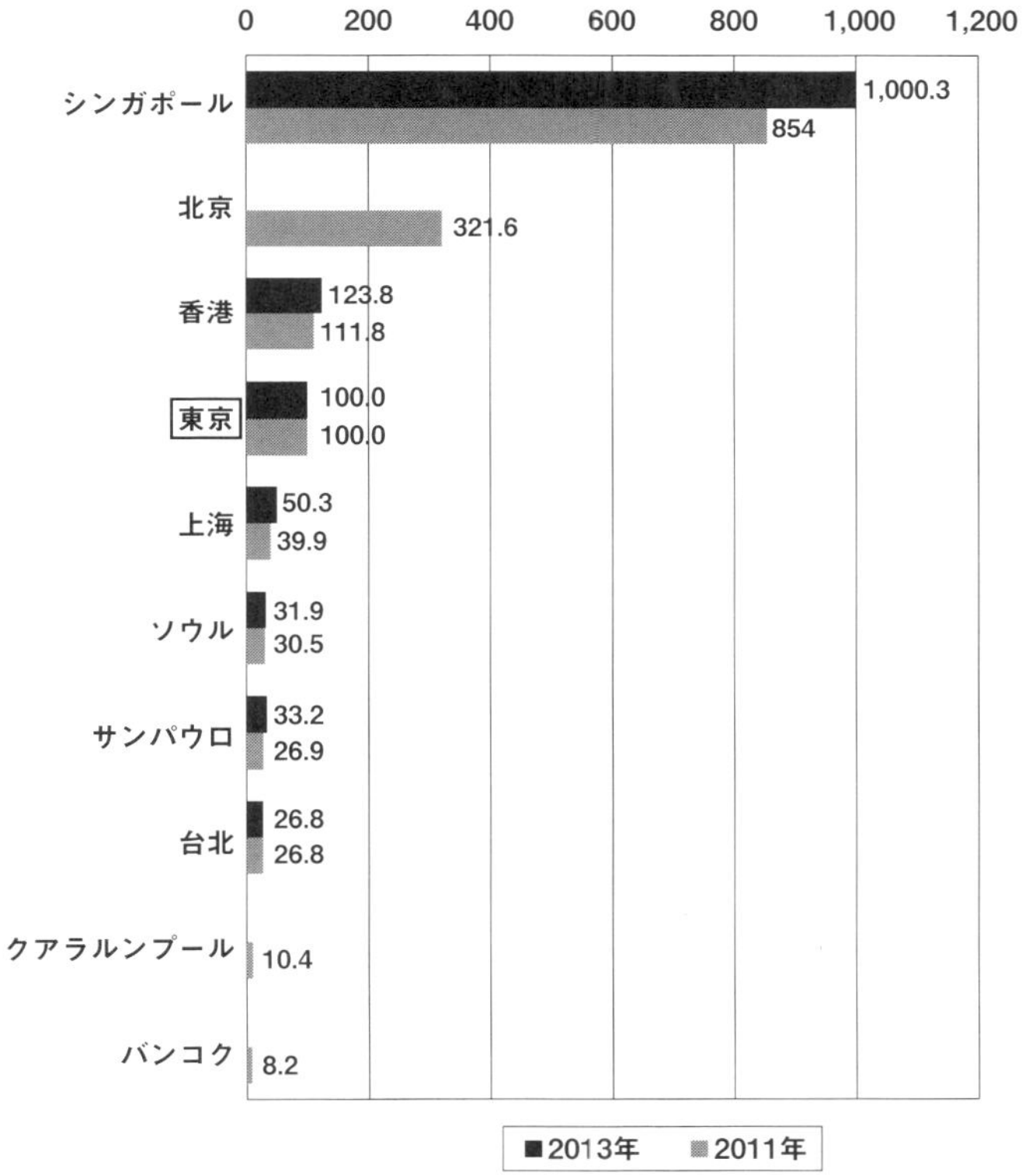

出所：日本不動産鑑定士協会連合会「平成 25 年世界地価等調査結果 」をもとに作成

不動産投資は決して難しくない

ここまで見てきたように、不動産投資を行うことには数々の大きなメリットがあり、とりわけ医師の立場で行った場合には、そのメリットを最大限に生かすことが可能となります。このように医師ならではの特別な〝恩恵〟は株式や投資信託など他の資産運用手段には存在しないものです。

他方で不動産の世界は一般の人たちには、今一つ分かりにくいところ、不透明な点があるかもしれません。

実際、不動産投資に対するイメージについてアンケート調査が行われると、「面倒そうだ」「難しそう」「不動産に関する知識がないので……」といったネガティブな意見が並ぶこともあります。

しかし、不動産投資は何も全てを自分一人で行わなければならないというわけではありません。

図表3-11　不動産投資の一般的なリスク

不動産投資には以下のように、①物理的リスク、②法的リスク、③管理運営リスク、④市場リスクがあるといわれている。

①物理的リスク

・災害・事故リスク
　地震、風水害、事故・火災等によって物理的な損傷を被るリスク

・環境リスク
　土壌汚染やアスベスト、地下埋設物、周辺環境の特性等による不動産の劣化など

②法的リスク

・遵法性リスク
　不動産の取得段階において違法性が確認できないリスク

・法改正・税制改正リスク
　今後の制度改正によって対応コストの発生するリスク

③管理運営リスク

　事務ミス、障害、不正、風評等による損失の発生など不動産の管理運営におけるリスク

④市場リスク

・価格変動リスク
　不動産価格の下落等

・信用リスク
　取引相手の債務不履行等による損失の発生

・金利リスク
　借入金利の上昇等による損失の発生

・流動性リスク
　不動産取引の減少等により必要なときに換金できない可能性

（参考：株式会社野村総合研究所公共経営戦略コンサルティング部によって作成された「不動産リスクマネジメントのフレームワークと政策課題（案）　不動産リスクマネジメント研究会第５回資料」）

「どのような物件を買えばよいのか」という不動産の購入から、その管理・運営、さらに売却にいたるまで不動産投資を進めていくなかでは、不動産業者や不動産コンサルタントなど専門家のサポートを様々な形で得ることができます。

また、不動産投資には、図表3－11に挙げたようなリスクもありますが、これらのリスクについても、専門家が十分な配慮をして対策を講じてくれるはずです。

なお、専門家を選ぶ際には注意すべきいくつかのポイントがあります。その点については次章で改めて取り上げたいと思います。

海外の投資家からも注目を集める日本の不動産

また、不動産投資に関しては、〝人口リスク〟を懸念している方もいるかもしれません。すなわち、「これから人口が減少していくのに、不動産に投資して本当に大丈夫なのだろうか」と不安を抱いている方もいるでしょう。

確かに「人口が減れば、不動産マーケットは縮小していく」と指摘する専門家の声があるのは事実です。

しかし、日本の不動産に投資しているのは何も日本人だけではありません。

日本の不動産マーケットは現在、急速な勢いでグローバル化の動きを強めています。その結果、国内だけでなく海外の投資家が積極的に日本の不動産を購入しているのです。

図表3-12に挙げたのはドイツ証券がまとめた「世界の都市別収益不動産売買取引額ランキング（過去12カ月）」です。そこに示されているように、ニューヨークは23%が、ロンドンは73%が、東京は20%が外資系の投資家によって占められています。

ちなみに、私は、ここ数年、毎月のように香港や台湾で不動産投資に関するセミナーを行っていますが、常に盛況であり、現地の投資家たちが日本の不動産に対する強い関心と投資意欲をもっていることを肌で感じています。投資対象として検討する地域も、定番の東京から、北海道や箱根、沖縄の観光地まで広がっています。

「海外の不動産に投資する際に最も気になるのは政治的リスクだ。政治の安定している日本は非常に魅力的だ」とある投資家は私に語ってくれました。

図表3-12　世界の都市別収益不動産売買取引額ランキング

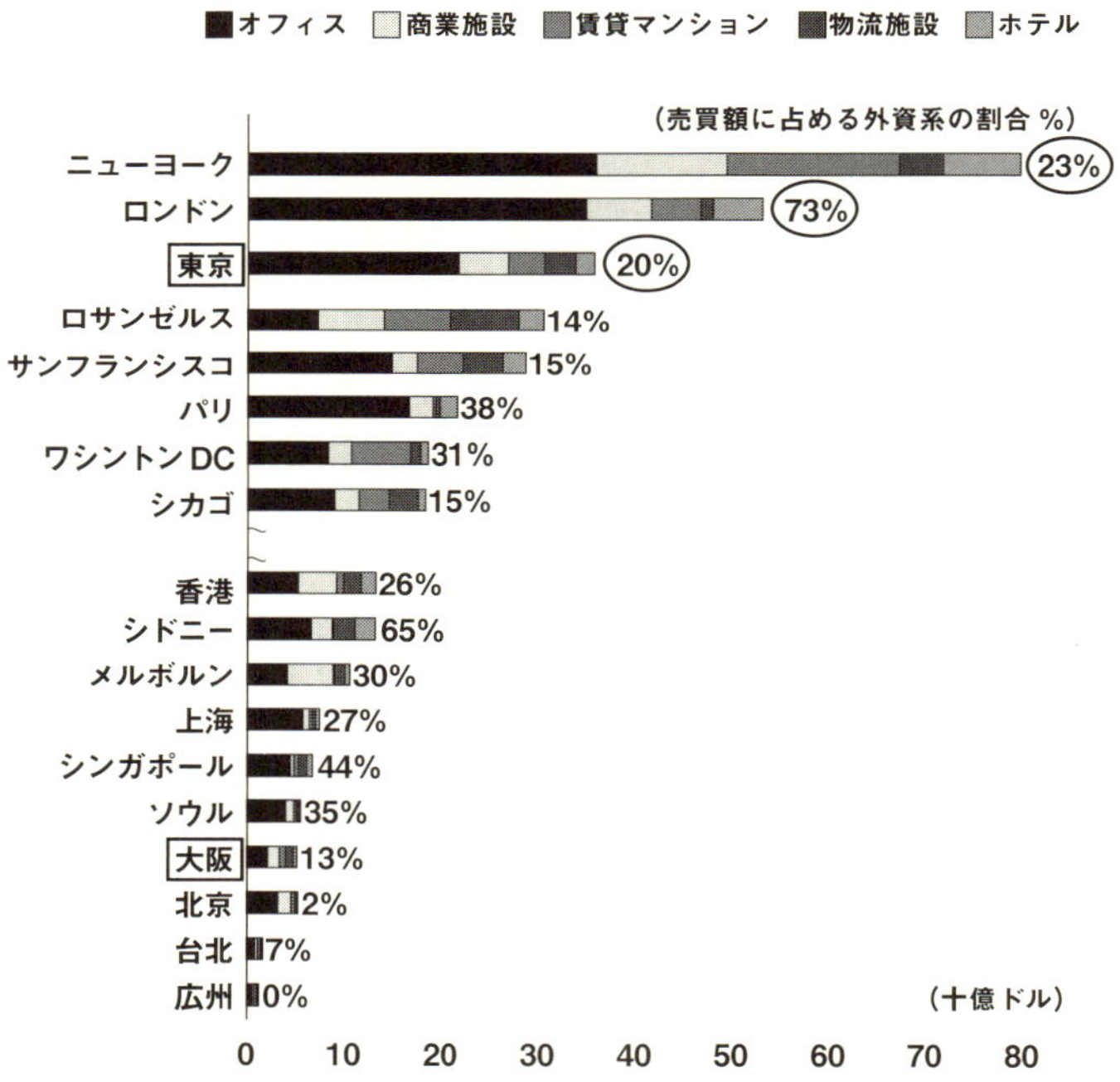

出所：DEUTSCHE ASSET & WEALTH MANAGEMENT
「ジャパン・クオータリー 2015年第3四半期 2015年7月」をもとに作成

世界的に見ても、まだまだ日本の不動産は割安であると考えられています。したがって、海外からの投資資金はこれからも日本の不動産をターゲットとして流れ込んでくるはずです。それにより、不動産市場は縮小するどころか、さらに成長していくことは間違いありません。

2015年に行われた香港での日本不動産投資セミナーの様子

展示された日本の投資物件を
興味津々に見る現地の投資家たち

日本不動産の魅力を語る著者
（壇上真ん中）

日本から来た仲間たちと
（左から3番目が著者、4番目が監修の
白岩氏）

セミナーは満席の大盛況だった

第4章 ライフプランと目標資産額の設定から始める

ハッピーリタイアを実現する投資計画のポイント

不動産投資に取り組む医師はまだ〝少数派〟

医師専門の転職エージェント、リクルートドクターズキャリアが２０１５年に「医師の『お金』大アンケート　年収・貯蓄・投資の実態は?」と銘打ち現役の医師７７５人を対象にしたアンケート調査を行いました。その中で、「投資用不動産はお持ちですか?」という設問も設けられています。答えは「いいえ」が87・2%で、「はい」が12・8%でした。

このように不動産投資に取り組んでいる医師は、まだごく少数にすぎません。先にも触れましたが、おそらく、不動産投資がどのようなものなのか、いま一つ具体的なイメージを持ちづらいことも、医師の方々を不動産投資から遠ざけている大きな理由となっているのでしょう。

本章では、不動産投資のより細かなノウハウについて、つまり実際に不動産投資を進めていくうえでおさえておきたいポイントや医師の方々に特にお勧めしたい不動産のタイプ、さらには実例として早期リタイアを考えてすでに投資を始めている勤務医の方のケースなどをお伝えしていきましょう。

それらを読むことによって、不動産投資のイメージがさらに明確になり、より身近なものに感じられるようになるはずです。

初見の営業マンには要注意！

不動産投資で確実に利益を得るためには、「収入を上げる」か「支出を減らす」もしくはその両方を常に心がけておかなければなりません。

まず、「収入を上げる」ためには、投資する物件を選ぶ際に、少しでも高い利回りを得られるものを選ぶことを意識しましょう。

後ほど触れるように節税対策・相続対策を主目的として不動産投資を行うのであればともかく、何よりも収益を第一に考えるのであれば、利回りには徹底的にこだわることをお勧めします。

不動産業者の中には、利回りの高い好物件は、付き合いの深い昔からの顧客にしか紹介しないところもあるので、初見の営業マンから勧められた物件には安易に手を出さないようにしましょう。

飛び込みで来た不動産営業マンの多くは、3％、4％程度の利回りの低い物件しか取り扱っていません。〝余りモノ〟には福はないと心得ておきましょう。「満室稼働です」「空き室リスクはありません」という営業トークに乗せられて、利回りの悪い物件をつかまされないよう気をつけてください。

一方、「支出を減らす」という観点からは、銀行からお金を借りる際に利率が少しでも低いローンを選ぶことが重要になります。

たとえば、利回りが5％の物件を購入しても、借入金の年利が4・5％であれば、物件の維持・管理に必要となる諸費用を支払うと利益を得るどころか逆に損失を被ることになりかねません。

●初心者向け不動産⑴「区分マンション」で不動産投資の実績を作る

不動産投資の具体的なプランニングは現時点での年収や主とする目的などによって異なってきます。

究極のプランとしては前章で紹介したホテルへの投資も考えられますが、まだ始めたばかりの段階では、さしあたり⑴区分マンション（ワンルームマンション）か、⑵一棟マンション、⑶クリニック併用住宅のいずれかを検討することをお勧めします。

まず、⑴区分マンションは、前章で触れたように複数所有することでリスクを分散することが可能となりますし、管理も容易です。

また、銀行から好条件で融資を引き出すためには〝実績作り〟が重要になります。すなわち、ワンルームマンションを購入することで不動産投資の実績を作っておけば、後々、銀行からより大きな融資を得るうえで有利になります。

具体的な投資対象としては、都内や横浜など黙っていても借り主がつくような立地にある利回りのよい中古物件を求めるとよいでしょう。賃料を手堅く得ることができますし、売りたいと思ったときにもすぐに買い手が現れるはずです。

●初心者向け不動産⑵地方に「一棟マンション」を持てば10%の利回りが期待できる

一方、⑵一棟マンションの場合は、①地方の政令指定都市にある物件か、②都内の物件が投資対象としての候補になります。

まず、①地方の政令指定都市にある物件は、都内の物件よりも高いリターンを期待できます。今であれば最低でも10%前後の利回りが望めるでしょう。

一方、②都内の物件は現在、価格が高騰しているため5%程度の利回りにとどまっており、地方ほどは収益性が高くありません。

しかし、物件の価値が高いために節税対策、相続税対策として活用するのには最適です（逆に地方の物件は、東京に比べると評価が低くなるので節税対策等に使ううえでは限界があるでしょう）。

さらに、資産価値が高いゆえに売却も容易です。つまり都内の物件は、現金化したいときに、すぐにそれが可能になる点も大きなメリットといえます。

まとめると、長い期間にわたって高利回りで家賃収入を得たいのであれば地方の物件を、節税対策、相続税対策を重視するのであれば都内の物件を購入することがベストの選択肢となるはずです。

●初心者向け不動産(3)「クリニック併用住宅」なら開業リスクを軽減できる

最後の(3)クリニック併用住宅は、自宅にクリニックを併設し、なおかつ建物の一部を〝アパート〟にして他人に貸し出すタイプの不動産です。

そのため、基本的には開業の意思を持っている人、これから新たにクリニックをオープンする計画を持っている人が対象となります。

クリニック併用住宅のメリットとしては、まず併設するアパートからの収入が得られることによって、開業のリスクを軽減することが可能となる点が挙げられます。

また、自宅であることから住宅ローンも利用できます。住宅ローンは事業融資よりも金利が低く、返済期間も長期にできるので借り入れリスクの軽減も期待できることになります。さらに住宅ローン控除による節税効果も期待できます（住宅ローン控除については図表４‐１を参照）。

図表4-1　住宅ローン控除とは

住宅の購入や新築または増改築等の際に住宅ローンを利用した場合、所得税から一定額を控除する制度（正式名称は「住宅借入金等を有する場合の所得税額の特別控除」）

（新築住宅について住宅ローン控除を受けるのに必要となる主な要件）

①住宅ローンの返済期間が10年以上であること

②新築または取得日から6カ月以内に入居していること

③床面積が50㎡以上であり、床面積の2分の1以上の部分が、もっぱら自己の居住に使用するものであること

※上記の要件を満たせば以下の表のような形で控除される。

居住年	借入金等の年末残高の限度額	控除率	各年の控除限度額	最大控除額
26年4月〜31年6月	4,000万円	1.0%	40万円	400万円
※	2,000万円	1.0%	20万円	200万円

（注）住宅の対価または費用の額に含まれる消費税等の税率が８％または10%以外である場合は※の金額となる。

他方で、クリニック併用住宅にはいくつかのデメリットもあります。一から土地を購入し、新規に建物を建てることから初期投資の額が大きくなるおそれがあります。さらに、万が一、運用に失敗した場合には資金の回収がスムーズに進まない危険もあるでしょう。

純粋な投資目的のマンションであれば想定していた家賃収入を得られない場合には売却して資金をある程度取り戻すことが可能ですが、クリニック併用住宅は本業に利用しているために売ることが難しくなります。

したがって、クリニック併用住宅を投資対象とする場合には、本業のマーケティングをより入念に行うことが、すなわち「この場所で開業しても確実に集客できるのか」を厳しく見極めることが求められるでしょう。

金利と借り入れ年数

(1)から(3)の中からいずれかを選んで銀行から融資を得た場合に、金利と借り入れ年数がそれぞれどの程度のものになるのかも触れておきましょう。

まず、(1)区分マンションについては金利は2～3％、借り入れ年数は15～35年になります。

また、(2)一棟マンションに関しては、(1)と同様に金利が2～3％、借り入れ年数は15～35年になるでしょう。

最後に、(3)クリニック併用住宅は、住宅ローンが使えるので1％の金利も可能です。

また、その場合、借り入れ年数は35年になります。

迷った場合には区分マンションから始める

(1)から(3)のうち「どれを投資対象とするべきか」思い迷うようであれば、まずは(1)の区分マンションから始めてみるのが無難といえます。初心者のうちは、やはり「できるだけ損はしたくない」という気持ちが強いでしょうから、最も効果的にリスクを分散できる区分マンションは理想的な商品といえます。中古であれば300万円程度からでも購入できるので、値段的にも手頃です。

また、区分マンションに投資する場合、もしある程度まとまった貯金をお持ちならば、全額キャッシュで買うのも一つの手です。銀行から借り入れをしなければ、利息を支払う必要がなくなるので、より多くのキャッシュを手元に残すことができます。

たとえば銀行に1000万を預けて得られる利息よりは、ワンルームマンションを購入して得られる収入のほうがはるかに大きくなります。「銀行にただ預けていてはお金がもったいない」と思うのであれば、キャッシュでの購入を前向きに検討する意義は大いにあるでしょう。

そして、(1)区分マンションで不動産投資の手応えをつかんだら、次はより多くの収益を見込める(2)一棟マンションにチャレンジしてみるとよいでしょう。さらにその先は、オフィスビル、ホテル……と経験を積み重ねていくなかで、夢と選択肢はどんどんと広がっていくはずです。

不動産投資のプランニングはキャリアプランをもとに行う

不動産投資は、基本的に10年以上の長期間のスパンを想定して進めていくことになるので、当然、医師としての仕事も並行しながら行っていくことになります。

そこで、具体的な投資計画を立てる際には医師としてのキャリアプランも十分に考慮することが必要になります。

たとえば、現在、勤務医であり、近い将来の開業を予定しているのであれば、借入金の額はおさえておいたほうがよいかもしれません。診療科目にもよりますが、開業時には数千万円から1億円以上の資金がかかります。ほとんどの場合、貯金だけではまかなえず、銀行からの借り入れが必要となるはずです（図表4－2が示すように、開業後5年以内の開業医の85・8％が借入金を抱えています）。

しかし、不動産投資のために過度の借り入れを行ってしまうと、「信用の枠を超えているのでこれ以上は貸せない」などと開業資金の融資を拒否されるおそれがあります。

したがって、勤務医の方の場合には、「開業をする予定があるのか」「開業する予定があるのであれば、どれだけの資金を借り入れるのか」を不動産投資の前に、しっかりと考えておくことが求められるでしょう。

また、「自分のクリニックをもつまでは医業に専念して、開業してから投資を始めよう」と思う人もいるかもしれません。その場合には、開業直後は不動産投資の資金を借りにくくなるかもしれません。

「この院長は、クリニック経営で確実に収益を上げられるのか」と、銀行側がしばらくの間、集患実績等を見定めようとするからです。

図表4-2　開業医の借入金に関するアンケート

開業後年数別　借入金の有無（新規開業の場合）

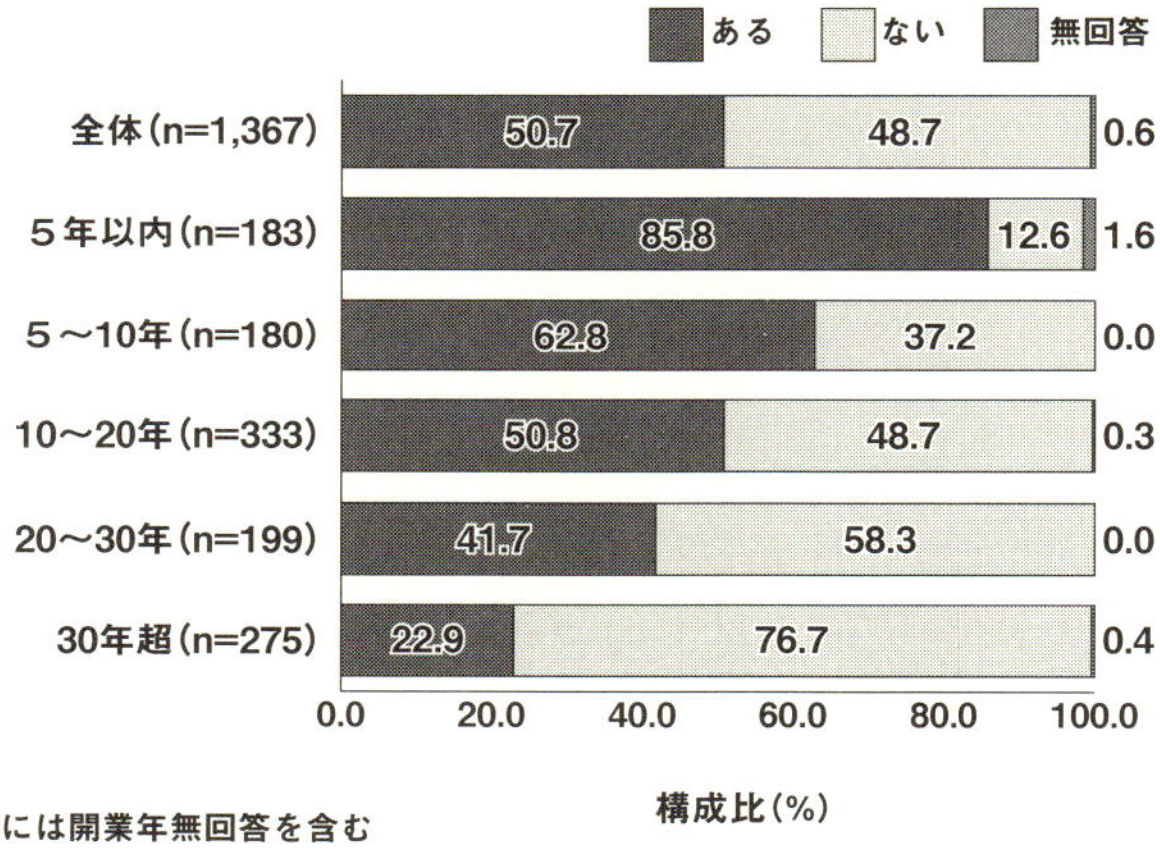

*全体には開業年無回答を含む

借入金に対する個人の保証
（n=475/新規開業および承継、借入金ありの医療法人）

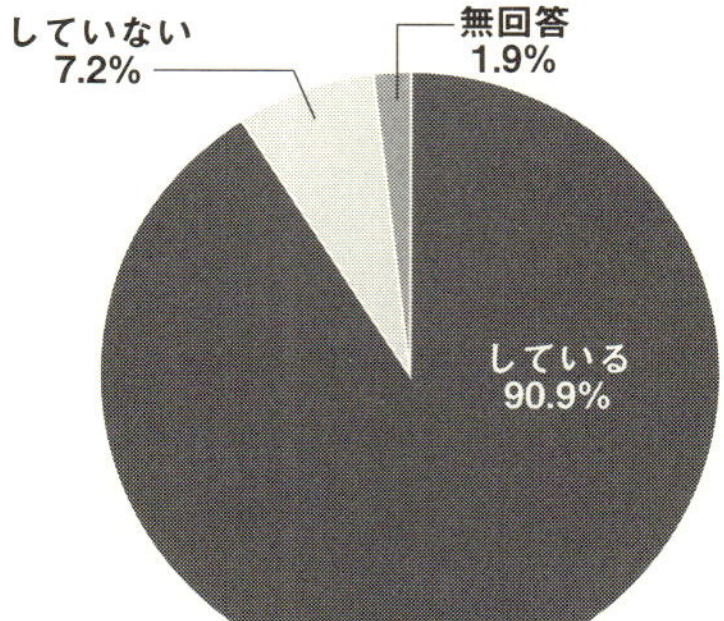

出所：日本医師会「開業動機と開業医（開設者）の実情に関するアンケート調査」をもとに作成

そのため、開業医の方が、銀行からの借り入れで不動産投資を始められるようになるのは、基本的に経営が軌道に乗ってからと思っていたほうがよいかもしれません。

セカンドライフに必要な資金を計算する

不動産投資を始めるにあたっては、リタイアする時期とそれまでに用意しておきたい資金の額を決めて、そこから逆算する形で、

「目標額を得るためには1年間でどれだけの賃料収入を得なければならないのか」

「そのためには、どのような物件を購入しなければならないのか」

「運用期間は何年にすべきなのか」

などのプランニングを行っていくことになります。

目標とする額をいくらにすればよいのか分からないという場合には、まずは医師を引退した後に自分がやりたいことを行うためにはどれだけのお金が必要となるのかを

考えてみるとよいでしょう。

たとえば、「冬にスキーを楽しめる別荘がほしい」「海外旅行には年2回行きたい」「クルーザーがほしい」「高級ゴルフクラブの会員権を手に入れたい」などと思い浮かぶままにノートなどに書き出してみます。

そして、それらのやりたいことを実現するためにはどれだけの金額が必要となるのかもあわせて検討していくのです。

その際、日々の生活費などリタイア後の生活で必要となる諸費用についても挙げていきます。たとえば、子どもがいる場合には教育費もかかるはずです。

おそらく、ほとんどの方は「子どもも医師にしたい」と思っていることでしょう。医学部の入学金・授業料だけで6000万円近くはかかりますし、また入学までにかかる医学部専門予備校やあるいは家庭教師の費用も軽く1000万円を超えるでしょう。

そうした費用も全て合わせて、医師を辞めたあとにトータルでいくらかかるのかを考えておく必要があります。

必要となる費用を整理するために、エクセルなどを使って表の形にまとめておくと、より把握しやすくなるかもしれません。

不動産投資の成功には「専門家選び」も重要

また、不動産投資を進めていくうえでは、不動産業者や税理士、コンサルタントなどさまざまな専門家のサポートを得ることが不可欠になります。

しかし、この専門家選びを誤ると、投資のパフォーマンスに悪影響がもたらされるおそれがあります。

たとえば、不動産投資に関する知識に乏しい税理士に依頼したような場合には、十分な節税対策を行えないまま、本来であれば納める必要のなかった税金を支払う羽目になる（結果的に投資の利益が減る）かもしれません。

したがって、依頼する専門家の選択は慎重に行うべきです。

信頼できる専門家を選ぶ際の基準としては、まず第一に、「経験の豊富さ」を挙げられるでしょう。過去に数多くの事例を取り扱ってきた専門家であれば、解決すべき課題が生じたような場合に、自らの経験をもとに的確なアドバイスを提示してもらえることが期待できるでしょう。

第二に、「この物件に関しては、○○というメリットがあります。しかし他方で、○○というデメリットも考えられます」などというように、長所ばかりでなく短所も含めた情報を提供できるか否かもチェックしましょう。

ことに、不動産業者の中にはメリットばかりを強調して、問題のある物件を平気で買わせようとする者もいますが、そのような業者は避けるのが無難です。

第三に、どんなことでも気兼ねせずに話せるか否かも重要になります。気になることは何でも率直に尋ねられる、相談できる、よきパートナーとしての関係を構築できる相手となりうるかをしっかりと見極めましょう。

早期リタイアしてゴルフを楽しみたい——勤務医Aさんのケース

最後に、ここまで紹介してきたノウハウに従って、現在、不動産投資を手がけている医師の方（Aさん）の実例をご紹介しましょう。

勤務医のAさんは50歳過ぎまでに1億3000万円の貯金を作ることを目標として不動産投資を始めました。開業の意思はなく、早期リタイアして趣味のゴルフなどをのんびりと楽しみたいという考えを持っています。

Aさんの属性と現在、投資している物件は以下の通りになります。


（Aさんの属性）

総合病院に勤めている38歳の勤務医。専門は内科で、年収1500万。既婚で子ども一人。

（物件の内容）

昭和50年代に建てられた大阪の商用ビル。売買価格は2億4000万円。


Aさんはこの物件を金利3％、返済期間は15年の条件で銀行からの融資を得て購入しました。

表面利回りは10％で、金利など諸費用を支払った後に毎月35万円が手元に残る計算

図表4-3　Aさん 不動産投資の実例

Aさんが不動産投資によって15年後に得られる資産

1年目	350万円
2年目	350万円
3年目	350万円
4年目	350万円
5年目	350万円
6年目	350万円
7年目	350万円
8年目	350万円
9年目	350万円
10年目	350万円
11年目	350万円
12年目	350万円
13年目	350万円
14年目	350万円
15年目	350万円

＋

（賃料収入からもたらされる利益の合計額）
5,250万円

（マンションの売却代金）
1億円

↓

1億5,250万円

です。賃料収入は12カ月間で420万円になりますが、そこから固定資産税と都市計画税を納めるので、1年間の最終的な利益は350万円になります。

計画通り進めば、ローンを支払い終わる15年後の時点で、Aさんは5250万円を得ていることになります。

さらにその時点で購入したマンションは少なくとも1億円で売却できるでしょうから、目標額の1億3000万円は確実に達成できるはずです。

なお、Aさんは新たに別のビルを購入することも検討しています。実現すれば、目標額に到達できる期間は縮まり、さらに多くの資産を作ることが可能となるはずです。

「法人契約」にすることで金利や返済条件が有利になることも

Aさんのケースについて若干のコメントを付け加えておきましょう。

まず、この物件には5年間の家賃保証がついていました。つまり、5年間は不動産業者による借り上げがあるので確実に家賃が入ってきます。

なお、かつては家賃保証の期間は15年が一般的でしたが、最近は5年が多くなっています（もっとも、5年後も保証契約を更新してもらえる場合が少なくありません）。

また、金利3％、返済期間15年は、年収1500万円の医師の方が融資を受ける際の条件としては標準的といえますが、銀行によっては、Aさんと同様のケースで、金利2・5％、返済期間25年の条件を提示してくるところもあります。つまり、借りる側からすれば条件がより有利になるわけです。

もっとも、その場合、銀行側からは「その代わり、法人契約の形にしてほしい」と求められるかもしれません。

法人契約とは、具体的には資産管理法人を設立して、その法人名義で銀行から融資を得るということです。

ちなみに、資産管理法人を設立することには、このように銀行からより有利な条件でお金を借りられること以外にもさまざまなメリットがあります。それらのメリットを活用する結果、個人で不動産投資を行う場合よりも多くの収益を上げることができ、結果的に、リタイアまでの期間を大きく縮めることも可能となります。早期リタイアを実現するうえで、資産管理法人の利用が非常に有益なものであることは間違いありません。

そこで、次章では、不動産投資のノウハウの一つとして、資産管理法人の設立方法や利用の仕方などについて詳しく紹介していきましょう。

第5章

リタイア後の不安をゼロにする

税金・相続・事業承継対策に効果絶大な「法人設立」

収益性をアップさせる「資産管理法人」の活用

前章の終わりで触れたように、不動産投資で得られる収益をより大きく増やしていきたいのであれば、「資産管理法人」の設立をぜひ、前向きに検討してみましょう。

資産管理法人とは、不動産賃貸等の事業を専門的に行う法人です。つまりは、不動産投資を個人ではなく法人を器にして行っていくわけです。

資産管理法人を設立することにより一般に、以下のようなメリットを享受することが可能になります。

①節税効果が大きい
②円満な相続・事業承継を実現できる
③より効果的な相続税対策が可能となる

不動産が資産に含まれている場合、相続や事業承継の際に大きなトラブルが生じるリスクがあります。②と③のメリットはそうしたリスクを軽減する働きを持つことから、次世代にスムーズに資産と事業を引き継がせたいという思いを持つ方にとってとりわけ重要な意義をもつことになるはずです。

本章では、はじめに①から③の詳細について確認した後、資産管理法人の種類や設立方法などについて解説していきましょう。

◆資産管理法人のメリット①節税効果が大きい

まずは、資産管理法人の大きな節税効果について見ていきましょう。

不動産投資を個人で行う場合、家賃収入などの投資によって得た所得に対しては所得税が課されることになります。

所得税は累進課税の仕組みになっており、所得が増えれば増えるほど税率は上がっていきます。

たとえば、図表5-1が示すように、所得税の最高税率は現在、45％となっています。住民税、復興税を合わせれば４０００万円を超える部分については半分以上を税金でとられることになるでしょう。

一方、法人の場合には、所得税ではなく法人税が課されます。その税率は、平成28年現在（平成28年４月１日以後開始事業年度）は次のような形になっています。

区分	税率	
中小法人等	年８００万円以下の部分	19％※（15％）
	年８００万円超の部分	23・４％
中小法人以外の普通法人		23・４％

※（15％）は平成29年３月31日までの間に開始する事業年度について適用。公益法人等以下は略した。

中小法人とは、各事業年度終了の時において資本金（出資金）の額が１億円以下の法人または資本金もしくは出資を有しない法人です。

図表5-1　所得税の表

所得税の速算表

課税される所得金額		税率	控除額
195万円以下		5%	0円
195万円を超え	330万円以下	10%	97,500円
330万円を超え	695万円以下	20%	427,500円
695万円を超え	900万円以下	23%	636,000円
900万円を超え	1,800万円以下	33%	1,536,000円
1,800万円を超え	4,000万円以下	40%	2,796,000円
4,000万円超		45%	4,796,000円

所得税の税率構造の推移

	49年	59年	62年	63年	元年	7年	11年	19年	27年
	%	%	%	%	%（万円）	%（万円）	%（万円）	%（万円）	%（万円）
税　率	10	10.5	10.5	10	10（～300）	10（～330）	10（～330）	5（～195）	5（～195）
	12	12	12	20	20（～600）	20（～900）	20（～900）	10（～330）	10（～330）
	14	14	16	30	30（～1,000）	30（～1,800）	30（～1,800）	20（～695）	20（～695）
	16	17	20	40	40（～2,000）	40（～3,000）	37（～1,800）	23（～900）	23（～900）
	18	21	25	50	50（～2,000）	50（～3,000）		33（～1,800）	33（～1,800）
	21	25	30	60				40（～1,800）	40（～4,000）
	24	30	35						45（～4,000）
	27	35	40						
	30	40	45						
	34	45	50						
	38	50	55						
	42	55	60						
	46	60							
	50	65							
	55	70							
	60								
	65								
	70								
	75								
住民税の最高税率	18%	18%	18%	16%	15%	15%	13%	10%	10%
住民税と合わせた最高税率	93%（注1）	88%（注1）	78%	76%	65%	65%	50%	50%	55%
税率の刻み数（住民税の税率の刻み数）	19（13）	15（14）	12（14）	6（7）	5（3）	5（3）	4（3）	6（1）	7（1）

（注）1．49年および59年については賦課制限がある。
　　2．2013年（平成25年）1月から2037年（平成49年）12月までの時限措置として、所属税額に対して21%の復興特別所得税が課される。

平成11年の37%、平成19年の40%、平成27年の45%というように最高税率の引き上げが続いている。

出所：財務省ウェブサイトをもとに作成

つまり、現状の法人税では23・4%の税率を原則としたうえで、中小法人についてはは政策的にそれを軽減する仕組みになっているわけです。

いずれにせよ、前述したように所得税の最高税率が45%であることと比較すれば、中小法人かそれ以外の法人かを問わず、法人税のほうがはるかに税金が安くなることは明らかです。

所得分散効果で税負担が大幅に軽減できる

資産管理法人を用いた節税手法は、役員や従業員に対して、不動産投資の収益を配分する形で行います。具体的には、配偶者や子などの親族を役員なり、従業員なりにして給与（役員報酬）を支払うことにより、不動産投資によって得られた所得を分散していくわけです。

そして、この「所得分散」の効果は、役員、従業員に認められている給与所得控除

図表5-2　給与所得控除の計算式

給与所得の支払金額	給与所得控除額
1,800,000円以下	収入金額×40% 650,000円に満たない場合には650,000円
1,800,000円超3,600,000円以下	収入金額×30% +180,000円
3,600,000円超6,600,000円以下	収入金額×20% +540,000円
6,600,000円超10,000,000円以下	収入金額×10% +1,200,000円
10,000,000円超	2,200,000円（上限）

を使うことによってさらに大きくなります。

すなわち、給与所得については、給与等から一定の金額を控除できる仕組みになっています。

その具体的な金額は、年度によって変わる可能性がありますが、平成29年分に関しては図表5－2の計算式によって求められます。

法人税の税率の低さに加えて、このように分散される所得について給与所得控除が行われる結果として、個人で不動産投資を行う場合に比べて、最終的な税負担の大幅な軽減が可能となるのです。

図表5-3　所得分散の仕組み

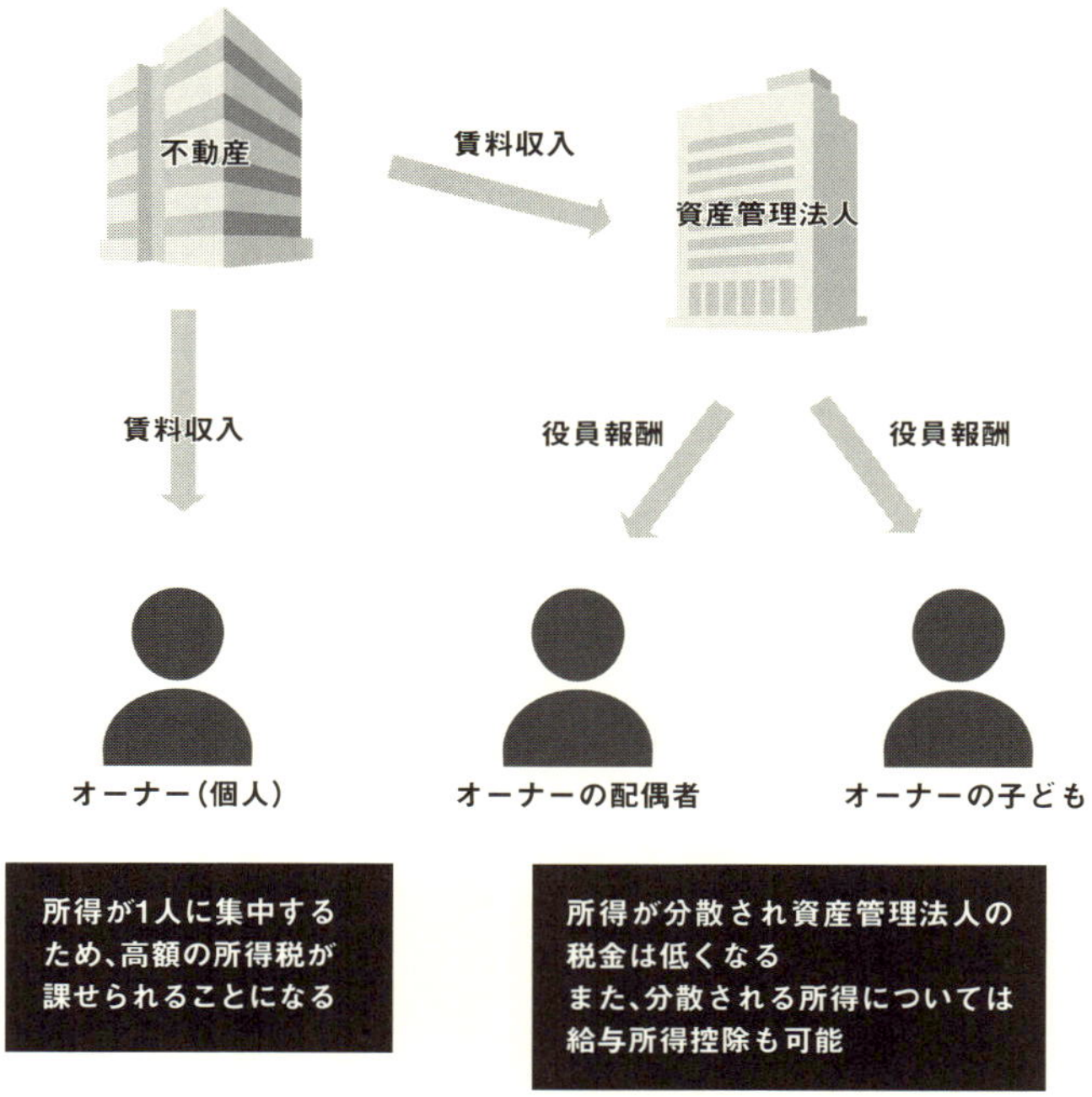

認められる「経費項目」が個人に比べて多い

さらに、個人の場合に比べて、経費として計上できる項目がより広く認められていることも節税対策で資産管理法人を活用することの大きなメリットといえるでしょう。

たとえば、法人では生命保険料を経費として計上することができます。個人の場合には、わずかな金額を所得税の申告の際に控除できるだけです。

また、個人事業では、事業主自身に支給した退職金は経費となりません。しかし、法人の場合には、役員となることにより、全額、経費にすることができます。

なお、退職金に関しては「退職所得控除」の制度により一定額までは非課税となっています。

退職所得控除の額は、具体的には以下のような計算式で求められます。

勤続年数が20年以下の場合……40万円×勤続年数（80万円に満たない場合には、80万円）
勤続年数が20年を超える場合……８００万円＋70万円×（勤続年数マイナス20年）

経費として認められる範囲が広ければ、それだけ税金を安くすることが可能となります。その結果として、不動産投資から得られる利益をより大きくすることが可能になるわけです。

資産管理法人にすれば百万円単位、千万円単位で税金を得できる！

資産管理法人の形で不動産投資を行うことによって、個人の場合に比べてどれだけの額の税金を節約できるのか、具体的な例をもとに見てみましょう。

妻と子ども1人を家族として持つAさんが、３棟のマンションを保有しており、各棟から年間６００万円の賃貸収入が入るケースで、法人の場合、個人の場合それぞれに課される税金の額を比較してみます。

まず、3棟のマンションから得られる賃料収入は1年間で合計1800万円になります。したがって、個人の場合には、所得税、住民税で440万4000円の税金がかかることになります。

一方、資産管理法人の場合には、前述のように家族を役員もしくは従業員にして給与(役員報酬)を支払うことによって所得分散が図れます。このケースでは、妻と子どもを役員にしてそれぞれに毎月50万円の役員報酬を支払うことにします。すると、1800万円の賃料収入から年間1200万円の役員報酬を経費として引くことが可能になります。

その結果、所得は600万円になるので、法人税の税額は180万円になります。

そしてそのほかに、妻と子どもの役員報酬に対しても所得税がかかるので、その計算も行います。すると、所得税は1人頭85万9414円になるので、合計すると171万8828円です。

これを法人税の180万円と合算すると、351万8828円になります。

個人の場合には所得税が440万4000円かかるわけですから、約90万円も税金

図表5-4　個人の場合と法人の場合を比較した図

（個人で不動産投資を行った場合）

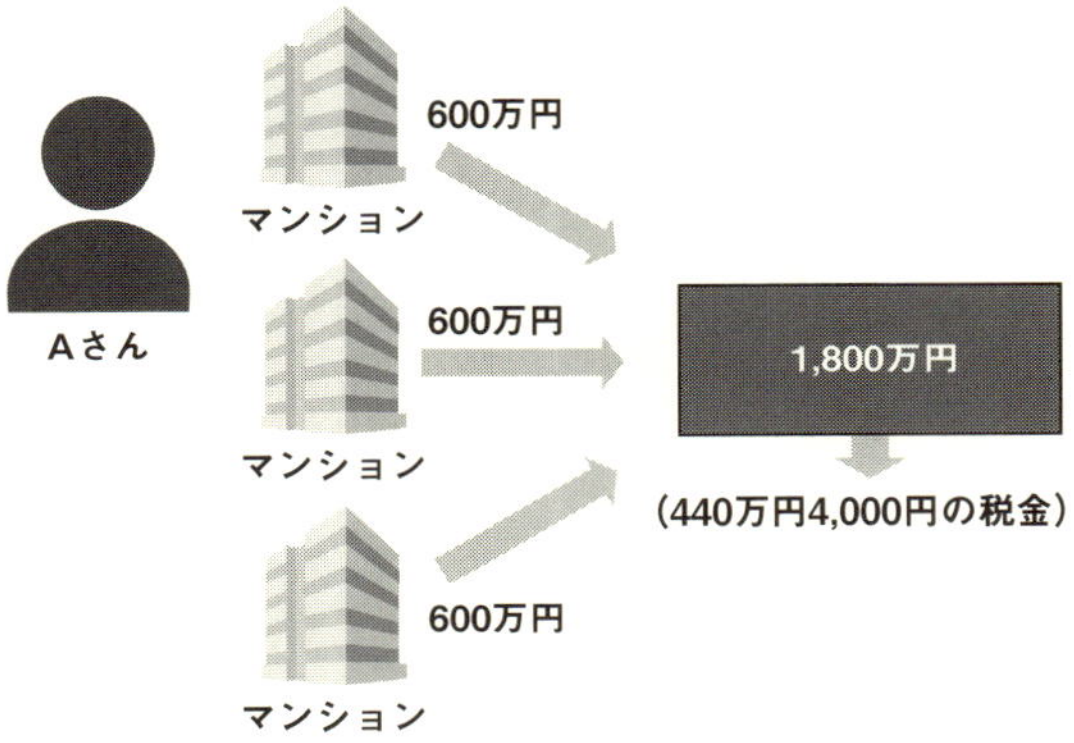

（法人で不動産投資を行った場合）

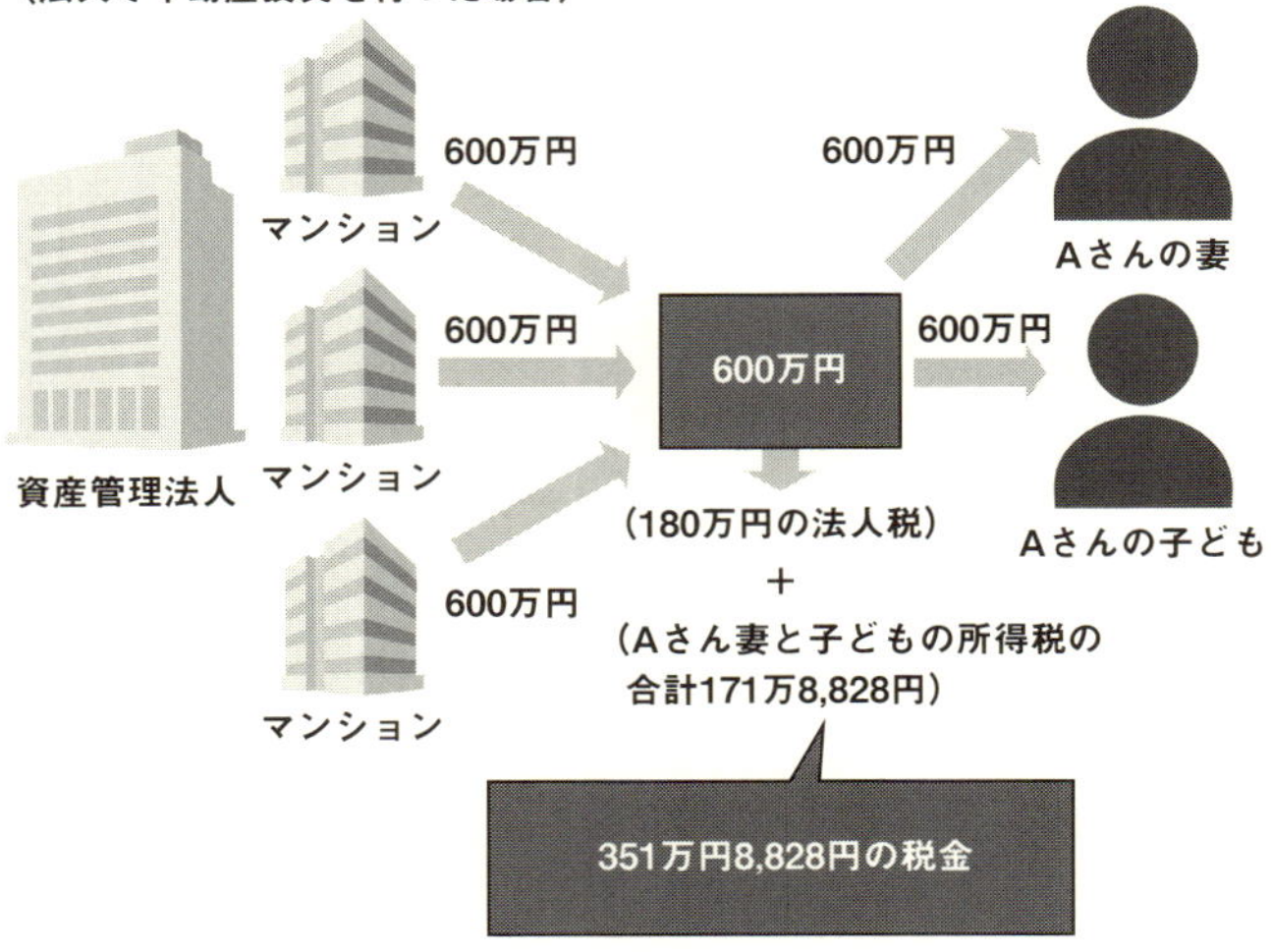

が安くなるわけです。この状態が10年続けば900万、20年続けば1800万円も税金が得することになります。

しかも、右のケースは最もシンプルな例になります。先述した生命保険などの経費を計上すれば、さらに税金を少なくすることが可能となるでしょう。

このように資産管理法人を使えば、百万円単位、千万円単位にも及ぶ非常に大きな節税効果を得られるのです。

◆資産管理法人のメリット②円満な相続・事業承継を実現できる

資産管理法人は、冒頭で述べたように、円満な相続・事業承継を実現する手段としても活用できます。

すなわち、相続財産の中に不動産が含まれており、複数の相続人がいる場合には、「誰が不動産を相続するのか」を確定しなければなりません。遺言書で相続する者が指定されていないのであれば、遺産分割協議で、つまりは相続人間の話し合いで決めることになるでしょう。その結果、不動産を相続する者が定まれば特に問題はありません。

しかし、話し合いがまとまらない場合には、相続人全員で不動産を共有する形になり、不動産の管理や処分をスムーズに進められなくなるおそれがあります。民法のルールに従うなら共有状態にある不動産の管理・処分については、共有者の過半数もしくは全員の同意のもとに行わなければならないためです。

そのため、相続人同士の仲が悪ければ、共有者全員もしくは過半数の同意を得ることができず何も決められなくなる危険があるわけです。

不動産を個人で所有している場合には、このような共有のリスクが相続トラブルを引き起こす可能性があり、結果としてクリニックの事業承継にもマイナスの影響をもたらすことになるかもしれません。クリニックの後継者には院長の息子など親族がなるケースが多く、そのためクリニックの資産の引き継ぎには相続の問題が大きく影響してくるからです。

一方、資産管理法人の形で不動産投資を行えば、不動産は法人に所有されているので、そもそも不動産の相続という問題は生じないことになります。不動産の管理・処分は、法人のもとで行われるので、不動産の権利を巡る相続人間の人間関係に影響されることはないでしょう。

図表5-5　資産管理法人により相続争いが防げる

[相続により不動産は共有状態になる]
相続人が3人の場合、不動産に対する持分(所有権)を3分の1ずつ持つ

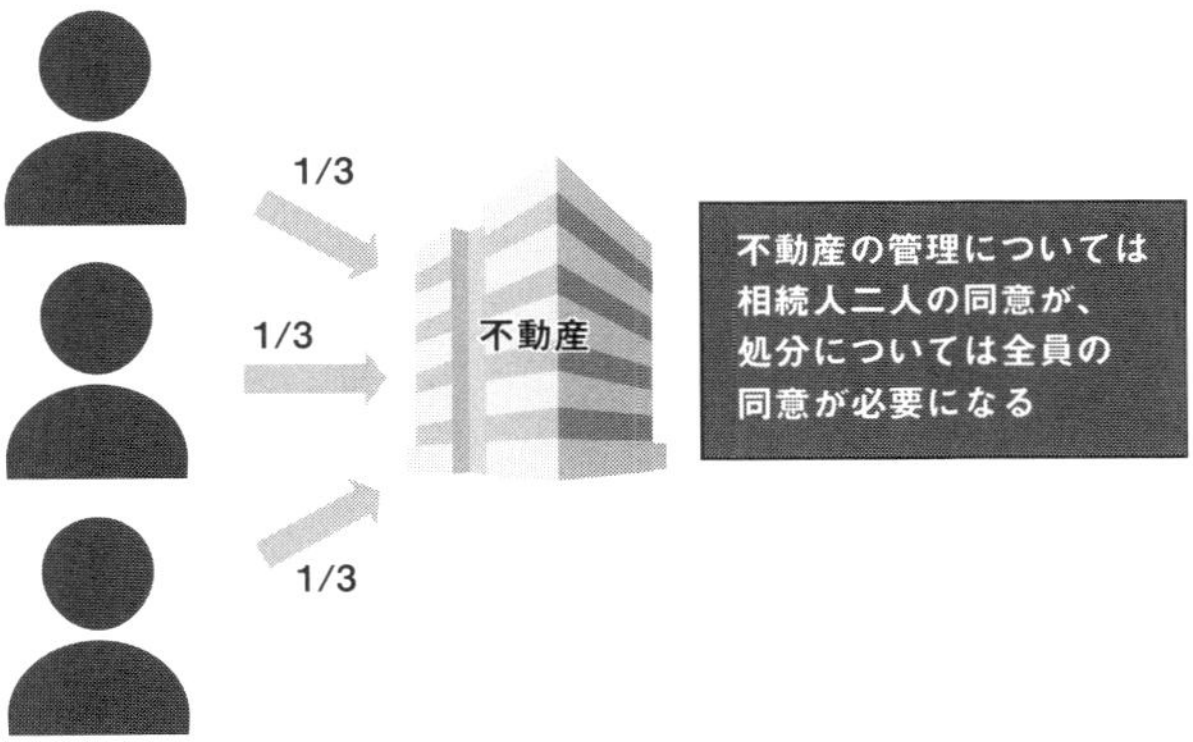

[資産管理法人が不動産を持つ場合]

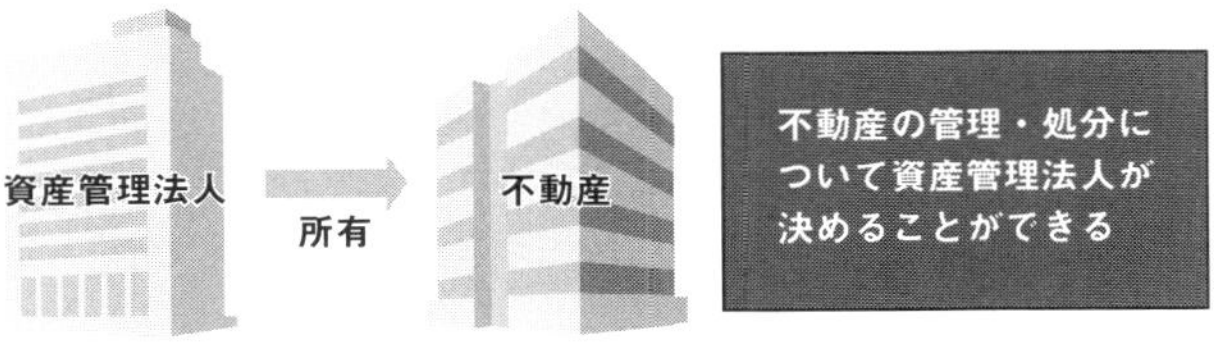

そして、相続トラブルが避けられる結果として、事業承継も円滑に進むことが期待できるはずです。

◆資産管理法人のメリット③より効果的な相続税対策が可能となる

次に、相続税対策を目的とした資産管理法人の活用方法について見ていきましょう。

具体的には、個人の形で所有する不動産を資産管理法人に売却し、贈与税がかからないかもしくは最小限になる形で、その売却代金を子どもなどに贈与していきます。

その結果、不動産に対して多額の相続税が課されるリスクをなくすことができます。

贈与の方法としては、通常の生前贈与（暦年贈与）かあるいは平成25年に導入された教育資金の一括贈与（図表5－6参照）を利用することが考えられます。

また、不動産の売却代金を一括払いではなく分割払いにする場合には、その貸付債権を生前贈与するという方法もあります。

一般にはあまり知られていませんが、債権も贈与することが可能であり、金銭を贈与した場合と同様に相続税を減らすことができます。

図表5-6　教育資金の一括贈与とは

平成25年4月1日から平成31年3月31日までの間に、30歳未満の子や孫などに対して、授業料等の教育資金を一括して贈与した場合には、所定の手続きを経ることにより、最大1,500万円までの金額に対して贈与税がかからないという優遇措置。

（主なポイント）

①非課税の対象は、直系尊属からの贈与

②非課税枠は⑴1,500万円までと⑵500万円までの2つのタイプがある

⑴1,500万円まで

学校に支払われる費用。学校とは幼稚園、小学校、中学校、高校、大学、大学院、専修学校、各種学校、認定こども園、保育所など

⑵500万円まで

学校以外に支払われる費用。たとえば塾、習い事などの費用

③贈与する資金を金融機関の専用口座に預け入れることが必要

④資金を預け入れることができる金融機関は受贈者1人につき1金融機関1営業所

さらに、資産管理法人を株式会社の形で運用する場合には、不動産を「株式」の形で所有することになるので、株式の評価を下げて、相続税を減少することも可能になります。その詳しい方法については後ほど改めて紹介しましょう。

「設立費」「維持費」など法人化にはデメリットもある

このように、資産管理法人を設立することには、節税対策、相続対策等の面で大きなメリットがありますが、他方で以下のようなデメリットも存在します。

①法人の設立・維持には手間と費用がかかる

法人を設立し維持していくためには、それなりの手間とコストを要します。たとえば、設立時には法人の根本ルールとなる定款を作成し、設立登記の手続きを行わなければなりません。その際には、公証人手数料、定款印紙代、登録免許税等が必要になります。

②社会保険の保険料の負担が発生する

従業員を雇用する場合、法人の場合には社会保険に強制加入することになります（個人事業の場合は、従業員が5名未満の場合は任意）。そのため、年金や保険料の負担が生じることになります。

これらのデメリットの結果、不動産投資によって得られる収益が少ない場合には、資産管理法人を設立・運用するコストのほうが高くつく可能性があることについては、注意を要するでしょう。

資産管理法人の選択肢は「会社」と「一般社団法人」

資産管理法人の選択肢としては、会社と一般社団法人が考えられます。そして、会社についてはさらに①株式会社、②合同会社、③合名会社、④合資会社の4つが候補となりえます。

まずは、①から④の概要を確認しておきましょう（なお、以下で出てくる「社員」は通常の用語とは異なり法人への出資者もしくは構成員という意味になります）。

①株式会社

会社の債務について債権者への弁済責任を負担せずに出資義務のみを負う社員（間接有限責任社員）のみで構成されており、社員の地位が「株式」と呼ばれる均等に細分化された割合的単位の形をとる会社。

②合同会社

株式会社と同様に間接有限責任社員のみで構成され、大幅な定款自治が認められている会社。

③合名会社

会社の債務に対して直接的かつ無限に責任を負う社員（直接無限責任社員）のみから構成されている会社。

④合資会社

直接無限責任社員と、会社の債務に対して直接的な弁済責任を負っているがその責任が一定の範囲に限られている社員（直接有限責任社員）の2種類によって構成されている会社。

図表5-7　合名会社と合資会社では出資者が会社の債務を負うおそれがある

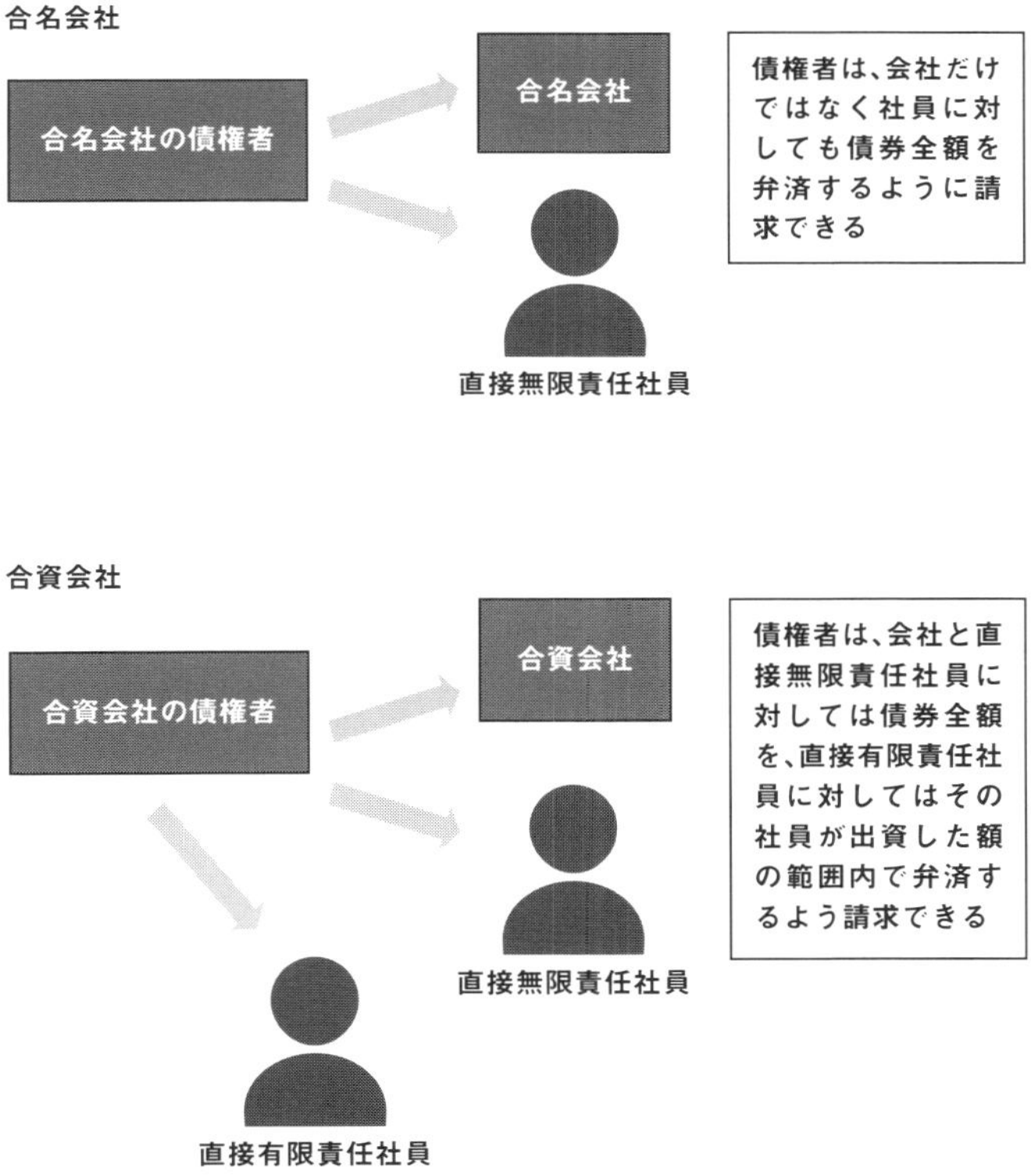
合名会社
合名会社の債権者
合名会社
債権者は、会社だけではなく社員に対しても債券全額を弁済するように請求できる
直接無限責任社員
合資会社
合資会社の債権者
合資会社
債権者は、会社と直接無限責任社員に対しては債券全額を、直接有限責任社員に対してはその社員が出資した額の範囲内で弁済するよう請求できる
直接無限責任社員
直接有限責任社員

このように会社については四つの選択肢がありますが、結論からいえば、お勧めできるのは①株式会社か②合同会社のいずれかになります。

①株式会社と②合同会社は、会社の債務に対する出資者の責任が限られている、つまりは会社の借金を出資者が個人的に弁済する必要がないのに対して、③合名会社と④合資会社には出資者が会社債務を負うリスクがあるためです。

株式会社と合同会社の違いとは？

先の概要だけを見ていると、①株式会社と②合同会社の違いがいま一つ分かりにくいかもしれません。

そこで、両者のメリット、デメリットについて簡単に触れておきましょう。

まず、株式会社のメリットとしては、会社法で組織や資金調達の手段などに関して詳細な決まりが設けられているので、運営していくうえで、万が一トラブルが起きたとしても解決の目処が立ちやすいといえます。

デメリットとしては、決算の公告義務が課されているので、そのための手間や費用がかかる点や、会社運営に関して自主的なルールを決めづらい点などが挙げられます。

一方、合同会社のメリットとしては、運営ルールを比較的自由に決められることや、決算の公告義務がない点、利益の配分割合を出資額とは関係なく設定できる点などが挙げられます。

デメリットとしては、社員それぞれが経営権をもっているので意見の対立が起きると会社としての意思決定に支障が生じるおそれがある点などが挙げられます。

なお、設立時の費用を比べると、以下のように合同会社よりも、株式会社のほうが2倍以上かかります。

・株式会社の場合
定款認証代（5万2000円）
定款印紙代（4万円）
登記時印紙代（最低でも15万円）

合計　　　　（最低でも24万２０００円）

・合同会社の場合
定款印紙代　（４万円）
登記時印紙代（最低でも６万円）
合計　　　　（最低でも10万円）

さらに、設立後も、前述のように決算公告を要するなど、総じて株式会社のほうが維持コストがかさむといえます。

他方で、合同会社はまだ一般にはあまり認知されていないため、株式会社のほうが信用度が高いといえるかもしれません。

図表5-8　株式会社と合同会社の組織構成

[株式会社の組織]

資産管理法人を株式会社の形で設立する場合、主要な機関として①株主総会、②取締役、③取締役会、④代表取締役、⑤監査役を設置することになる。それぞれの意義・役割等は以下の通り。

①株主総会
株主によって構成される株式会社の最高意思決定機関で、取締役・監査役の選・解任など、株式会社の組織・運営・管理等に関する重要事項を決定する。年1回の開催が義務づけられている。

②取締役
取締役会が置かれていない会社で会社の業務を執行する（取締役会が置かれている会社ではそのメンバーの一員にすぎない）。

③取締役会
取締役全員で構成される会議体。代表取締役の選定や重要な業務執行に関する会社の意思などを決定する。

④代表取締役
対外的には会社を代表し、会社の業務を執行する。取締役の中から選ばれる。

⑤監査役
取締役の職務執行の監査を行う。

[合同会社の組織]

基本的に、株式会社のような細かな機関は存在しない。原則として、各社員が業務を執行し、その意思決定は社員の過半数をもって行う。

定款により、業務執行社員を定めて、一部の社員を業務執行から除外することも可能。その場合、業務執行は、業務執行社員の過半数をもって決定することになる。

株式の評価を下げて相続税を減らす方法

先に触れたように資産管理法人が株式会社の形をとる場合には、不動産は「株式」となるのでその評価を下げることによって、相続税を減らすことが可能になります。

まず、株式の資産価値を評価する主な方法としては、①純資産価額方式、②類似業種比準方式が挙げられます（他に①と②を併用する方法などもあります）。①純資産価額方式は会社の純資産をもとに評価する方法であり、②類似業種比準方式は類似する業種の上場会社の一株当たりの利益や配当、純資産を基準として評価する方法です。

このように、株式の価値は、純資産や配当、利益の額から導き出されることになるわけです。したがって、株式の評価を下げる方法としては、①純資産価額方式の場合であれば純資産を、②類似業種比準方式の場合であれば純資産もしくは配当、利益を減らせばよいわけです。

その具体的な手法としては、以下のような方法が考えられるでしょう。

図表5-9　株式の評価方法図

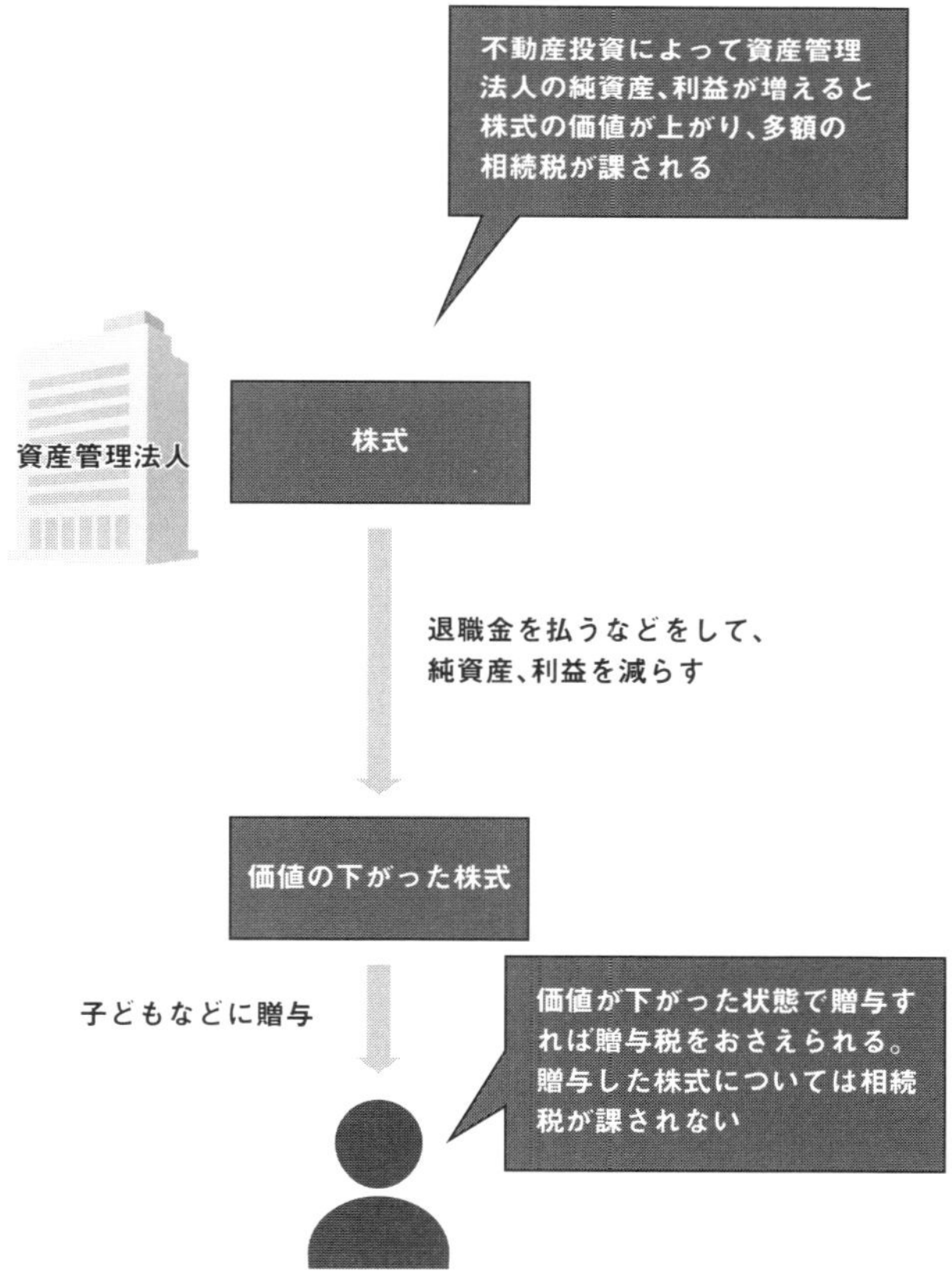
不動産投資によって資産管理法人の純資産、利益が増えると株式の価値が上がり、多額の相続税が課される
資産管理法人
株式
退職金を払うなどをして、純資産、利益を減らす
価値の下がった株式
子どもなどに贈与
価値が下がった状態で贈与すれば贈与税をおさえられる。贈与した株式については相続税が課されない

(1)退職金を払うなどして赤字を出して純資産、利益を減らす。
(2)一時的に配当をなくす。
(3)生命保険に加入し損金計上し利益を減らす。

これらの手段により価値が下がったときに株式を生前贈与すれば、贈与税をおさえることができます。そして、相続時には相続財産の中に株式は含まれていないので、「株式に多額の相続税が課される」ような事態を回避できるというわけです。

一般社団法人にすれば相続税の問題が生じない

株式会社、合同会社以外の選択肢としては、先に触れたように一般社団法人も考えられます。

一般社団法人とは「一般社団法人および一般財団法人に関する法律」に基づいて設

立された社団法人のことです。

そもそも「社団法人」とは一定の目的のために結びついた人の集団を基礎として作られた法人のことです。そして、株式会社や合同会社などの「会社」も社団法人の一種にほかなりません。

では、一般社団法人は会社と何が違うのでしょうか。

最も大きな相違は、「営利性があるかないか」という点です。営利性とは、団体の得た利益を構成員に分配することを意味します。たとえば株式会社では、会社の得た利益を配当の形で構成員（株主）に分配することが可能です。

しかし、一般社団法人では、団体の得た利益を構成員（社員）に対して分配することは認められていません。

また、一般社団法人は、会社と異なり構成員（社員）が法人に対して持分（所有権）をもちません。そのため、株式会社や合同会社と異なり、社員に相続が発生しても相続税は発生しません。

このように、相続税の問題が生じないことは一般社団法人の非常に大きなメリットといえるでしょう。

図表5-10　一般社団法人の組織構成

[一般社団法人の組織]

一般社団法人の主な機関としては、①社員総会、②理事、③理事会、④監事、⑤会計監査人がある。それぞれの意義・役割等は以下の通り。

①社員総会

一般社団法人の最高議決機関であり、組織、運営、管理等について決議する。

②理事

一般社団法人の業務を執行する。

③理事会

理事の職務を監視し、業務執行を決定する（定款でその設置について定めることが必要）。

④監事

理事の職務執行を監査する（定款でその設置について定めることが必要）。

理事会を設置する場合と会計監査人を設置する場合には設置を義務づけられる。

⑤会計監査人

計算書類等を監査する（定款でその設置について定めることが必要）。大規模一般社団法人（貸借対照表の負債の合計額が200億円以上の一般社団法人）は設置を義務づけられる。

ただし、一般社団法人については税理士によっても見解が異なるので、必ず事前に相談することをお勧めします。

「株式会社」「合同会社」「一般社団法人」の設立方法

以上のように、資産管理法人の選択肢としては、株式会社、合同会社、一般社団法人が考えられます。

このうち、いずれを選ぶかは、それぞれのもつメリットなどをもとに判断すればよいでしょう（「会社法で細かくルールが定められているから株式会社のほうが安心だ」「費用が安く済みそうだから合同会社にしよう」「相続税がかからないから一般社団法人を選ぼう」など）。

以下では、それぞれの設立方法についても、簡単に確認しておきましょう。

・株式会社・合同会社の設立方法

①会社の重要事項（商号や事業目的、本店所在地、役員構成等）を決定する

⇩

②定款を作成する

⇩

③定款の認証を受ける（本店所在地のある都道府県の公証役場で。合同会社は不要）

⇩

④登記申請に必要な書類や印鑑を作成する

⇩

⑤登記を申請する（本店所在地を管轄する法務局で）

⇩

⑥登記完了

登記申請をした日が「会社の設立日」、つまりは会社の誕生日になります。申請か

ら登記完了までの日数は、管轄法務局や、時期によって異なります。
また、手続きの際には以下のような書類が必要となります。

①役員全員の実印および印鑑証明書
②定款
③資本金払込証明書
④本店所在地決定書
⑤役員の就任承諾書
⑥会社印
⑦印鑑届出書
⑧印鑑カード発行申請書
⑨登記申請書

・一般社団法人の設立方法

一方、一般社団法人を設立するためには、以下のような手続きを経ることが必要になります。

①法人の概要を決定する

⇩

②定款の作成と認証手続きを行う

⇩

③設立時の社員を選定する

⇩

④設立時代表理事を選定する

⇩

⑤基金の募集事項の選定を行う

⇩

⑥管轄法務局へ登記申請を行う

⇩

⑦一般社団法人設立

また、手続きに際して、以下のような書類が求められます。

①設立登記申請書
②定款
③設立時理事等の選任決議書
④主たる事務所の所在決議書
⑤設立時代表理事を選定したことを証する書面
⑥就任承諾書
⑦設立時社員の印鑑証明書
⑧社印
⑨印鑑届出書

⑩印鑑カード発行申請書

等

面倒な「設立手続き」は専門家に任せる

株式会社にせよ、合同会社にせよ、一般社団法人にせよ、資産管理法人を設立する手続きを、医師の方が独力で行うことも不可能ではありません。

しかし、細かな点に関して電話で問い合わせをしたり、役所に何度も足を運ばなければならなくなるなど大変な作業となるはずです。

また、法律的なリスク、すなわち「必要な要件を欠いていたために設立を認めてもらえなかった」などという事態もありえます。

そうした繁雑な作業に時間をとられることや、リスクを考えると、設立に必要な手続きは全て専門家に任せてしまうのが無難でしょう。

もっとも、法人設立を代行する業者も様々、報酬金額も様々なので「どこに任せたらいいのだ」と思い悩むことになるかもしれません。

業者のサイトで手数料を見ると、非常に低い金額や、無料同然の金額が書かれていることもありますが、「どこもやってくれることは同じだろう。それなら安ければ安いほどよい」と飛びついてしまうのは危険です。

安いのには、安いなりの理由が必ずあります。たとえば「この値段でできるのはここまでだ」と業者が実際に行ってくれる作業は思いのほか少なく、結局はほとんどの作業を自分でやらなければならなくなるかもしれません。

それでは、わざわざお金を払って業者に依頼した意味がありません。

ですので、業者は値段の安さで選ぶのではなく、「設立に必要な全ての作業を行ってくれるのか否か」を基準に決めるべきです。

また、法人を設立した後には、税務や許認可、社会保険に関わる専門的な作業が様々な形で発生してくるはずです。そこで、疑問があればいつでも気軽に相談できるよう、行政書士、司法書士、税理士、社会保険労務士と連携してサポートしている業者に依頼するのが理想的といえるかもしれません。

資産管理法人に資産を移す方法は「売買」がベスト

個人の形で不動産投資を行っていた場合には、資産管理法人を設立した後に、不動産を移動するための手続きも必要となります。

そのための具体的な方法としては、「売買」が挙げられます。たとえば、1億円で購入したマンションであれば、1億円で資産管理法人に不動産を売却するわけです。

この方法による場合、「購入代金をどのように工面するのか」が問題となるかもしれません。資産管理法人に代金を支払えるだけの資金がなければ、金融機関から借入れを受けなければならないでしょう。しかし、設立したばかりの法人では信用力が乏しく融資を拒まれるおそれがあります。

そこで、融資を受けられない場合には、購入代金の支払いを「一括払い」ではなく「分割払い」にすることをお勧めします。資産管理法人に入ってくる毎月の賃料収入で、代金を支払い続けていくわけです。

図表5-11　現物出資の要件

たとえば株式会社の場合には、現物出資をするのに以下の要件を満たさなければならない。

①原則として裁判所が選任した検査役の調査を受けることが必要。
②ただし、以下のうちいずれかに当たる場合は、検査役の調査は不要になる。
⑴現物出資される財産の総額が500万円以下の場合
⑵取引相場のある有価証券を取引相場以下で現物出資する場合
⑶現物出資が相当であることについて、弁護士、公認会計士、税理士等の証明を受けた場合（現物出資する財産が不動産であるときは、不動産鑑定士の鑑定評価を受けることが必要）

以上より、株式会社を設立して、検査役の調査を経ずに、不動産を現物出資する場合には、その総額が500万円以下か、不動産鑑定士の鑑定評価を受けて鑑定評価書を得る必要がある。

また、不動産を移す方法としては他に「贈与」と「現物出資（不動産を出資すること）」という手段も考えられます。

しかし、贈与は多額の贈与税がかかりますし、現物出資を行うためには法で定められている非常に厳格な要件をクリアすることが必要になります（図表5－11参照）。そうした難点があることを考えると、やはり「売買」が最も適切な手段といえるでしょう。

また、個人から法人に現金も移転したい場合には、「貸し付け」の形をとるとよいでしょう（「出資」の形により移転することも可能ですが、その結果、株式の価値が上がってしまい相続税の負担が重くなるおそれがあります）。

「MS法人」を資産管理法人として活用する選択肢もある

なお、すでにMS（メディカル・サービス）法人を設立し、運営している場合には、それを資産管理法人としても利用するという選択肢も考えられます。

MS法人があって、さらに資産管理法人も設立する……となると設立費用はもちろん維持費の負担も増えるので、コスト面からはMS法人を利用するほうが合理的といえるでしょう。ことに、MS法人はあるものの実質的に活動を行っていないような場合はなおさらです。

しかし、他方でMS法人に多くの従業員がおりフル稼働しているような場合には、MS法人本来の事業収益と不動産投資の収益が混在して、会計が分かりにくくなるというデメリットがあるかもしれません。

このようなメリット、デメリットを考慮しながら、MS法人で不動産投資を行うのか、やはり資産管理法人を別に設立するのかを検討すればよいでしょう。

ちなみに、ＭＳ法人で不動産投資を行う場合には、事業承継税制を活用することも可能になります。

事業承継税制とは、中小企業の事業承継の円滑化を目的とした優遇税制です。具体的には、株式にかかる相続税と贈与税の納税猶予が認められることになります。つまりは、ＭＳ法人を利用することにより、不動産投資で得た資産について事業承継税制を利用した相続税対策が行えるようになるわけです。

事業承継税制の概要については図表５－12にまとめておきましたので、関心を持たれた方はご一読ください。

(3)後継者の主な要件

- 相続開始時または贈与時において、後継者と後継者の親族などで総議決権数の過半数を保有し、かつこれらの者の中で筆頭株主であること。
- さらに、相続税に関しては、相続開始の直前において役員であり、相続開始から5カ月後に代表者であること。
- さらに、贈与税に関しては、贈与時に20歳以上、かつ贈与の直前において3年以上役員であり、大臣認定時までに代表者であること。

(納税猶予を受けるための手続き)

納税猶予を受けるためには、「経済産業大臣の認定」、「税務署への納税申告」の手続きが必要となる。

(猶予・免除される税金の割合等)

[相続税]

現経営者の相続または遺贈により、後継者（注1）が取得した自社株式（注2）の80%部分の相続税の納税が猶予および免除される。

[贈与税]

現経営者からの贈与により、後継者（注1）が取得した自社株式（注2）に対応する贈与税の納税が猶予および免除される。

(注1) 平成27年1月以降に発生した相続・贈与は、親族外の後継者も本税制の適用対象者となる。

(注2) 本税制の対象となる自社株式は、後継者が相続・贈与前からすでに保有していた分も含めて、発行済議決権 株式総数の3分の2までの部分になる。

図表5-12　相続税猶予の要件、贈与税猶予の要件

[事業承継税制の概要]

事業承継税制とは、中小企業の後継者が、現経営者から会社の株式を承継する際に、相続税・贈与税について納税猶予もしくは免除が行われる制度。

(納税猶予を受けるためには、以下の主な要件を満たすことが必要)

⑴会社の主な要件

○中小企業者であること。

業種目	資本金（または）	従業員数
製造業その他	3億円以下	300人以下
製造業のうちゴム製品製造業（自動車または航空機用タイヤおよびチューブ製造業並びに工業用ベルト製造業を除く）	3億円以下	900人以下
卸売業	1億円以下	100人以下
小売業	5,000万円以下	50人以下
サービス業	5,000万円以下	100人以下
サービス業のうちソフトウェア業または情報処理サービス業	3億円以下	300人以下
サービス業のうち旅館業	5,000万円以下	200人以下

○上場会社、風俗営業会社でないこと。
○従業員が１人以上であること。
○資産管理会社に該当しないこと。

※資産管理会社とは、総資産に占める非事業用資産の割合が70%以上の会社（資産保有型会社）、および、総収入金額に占める非事業用資産の運用収入の割合が75%以上の会社（資産運用型会社）のこと。ただし、常時使用する従業員（後継者自身と後継者と生計を一にする親族を除く）が5名以上いるなど、事業実態があるものとして一定の要件を満たす場合には資産管理会社には該当しない。

⑵現経営者の主な要件

・会社の代表者であったこと。
・相続開始の直前または贈与の直前において、現経営者と現経営者の親族などで総議決権数の過半数を保有し、かつこれらの者の中で筆頭株主であったこと。
・さらに、贈与税に関しては、贈与時に代表者を退任していること（有給役員として残ることは可)。

第6章
充実のセカンドライフを楽しむ必須条件

不動産投資を今すぐ始めよう

不動産投資を早めに始めれば始めるほど第二の人生は豊かになる

一般に、資産運用を始めるのは早ければ早いほどよいといわれています。不動産投資もその例外ではありません。しかも、第二の人生を楽しむために行うのですから、遅すぎることはあっても、早すぎることはないでしょう。

30代から不動産投資を始めれば、早ければ40代で医師の仕事を辞められるかもしれません。遅くとも50代には夢を実現できるはずです。

60代で引退するよりも、40代、50代で引退するほうが、より長く充実したセカンドライフを送ることが可能となるのはいうまでもありません。とりわけ、やりたいことや趣味が多い人は、人生に悔いを残さないためにも、一刻も早く不動産投資をスタートするべきでしょう。

他方で、医師の仕事をリタイアするうえでは、意識しておきたいテーマ（課題）もいくつかあります。

まず、不動産投資で得た資産はいずれは家族が引き継ぐことになるはずです。つまりは相続が大きな問題となります。その対策を適切にとらなければ相続争いが引き起こされる危険があります。

また、開業医の方であれば、経営してきたクリニックの〝後始末〟についても考えなければなりません。クリニックを存続させたいのであれば、事業承継のための手続きを進めなければなりませんが、その際「後継者が見つからない」「承継時の税負担が重すぎる」などの難題に直面する可能性がありえます。

さらに、税務調査に対する警戒も必要です。近年、税務当局は富裕層への監視を強めています。スキを見せれば、税務調査により、投資で得た利益の多くを奪われることになるかもしれないのです。

このように、不動産投資に成功し医師の仕事を辞めることができたとしても、対応を誤れば大きなトラブルとなりかねない三つの課題が存在します。

そこで、後顧の憂いなくリタイア後の人生を満喫するためにも、これらの課題——相続、事業承継、税務調査——に対して「どのような心構えをもって臨むことが求められるのか」「いかなる対策をとるべきなのか」、ポイントを絞って確認しておくことにしましょう。

ポイント①骨肉の争いを防ぐために遺言書を用意する

まずは相続についてです。

前述したように不動産の相続に関しては資産管理法人が大きな対策手段となりますが、全ての財産を対象としたより汎用性のある手段としてはやはり遺言書が最も効果的であることは間違いありません。

遺言書を使うことで相続財産や相続人等に関して、具体的に以下のような措置をとることが可能になります。

①相続分の指定とその委託
②遺産分割の指定とその委託
③遺産分割の禁止
④遺贈

図表6-1　遺言書の注意点

遺言書を自筆で書く場合には、以下のルールを守る必要があります。

①全文を手書きで書く

パソコンやワープロでの作成は不可です。筆記具は文字が消えにくいボールペン、万年筆、毛筆などを使いましょう。

②氏名を記載する

筆跡が本人のものであることが明らかでも氏名がなければ無効です。

③遺言書を作成した年月日を正確に書く

「平成28年９月吉日」などの不明確な日付を書くのはＮＧです。

④氏名を自署した後、印鑑を押す

トラブル防止の観点からは、三文判などではなく実印が望ましいでしょう。

なお、遺言書は公正証書の形でも残せます。自筆の遺言書は偽造されるおそれがあることを考えると、公正証書のほうが適切といえるかもしれません。公正証書遺言は、公証役場で作成してもらえます。

⑤信託の設定
⑥相続人の廃除、取り消し
⑦後見人・後見監督人の指定

こうした措置を通じて、相続の結果起こりうるトラブルを事前に防止することが期待できます。

そもそも遺言書に関しては、「自分が死んだ後のことは考えたくない」といって書きたがらない人が少なくありませんが、残された家族が相続財産を巡り骨肉の争いを繰り広げるような事態は何としても避けたいと思うのであれば前向きに検討すべきでしょう。

また、遺言書を作る際には、相続に

関して事前に家族と十分に話し合っておくことも大事になります。家族一人ひとりの思いも踏まえて、皆が納得できる遺言書にまとめることができれば、その中身に不満を持つ者が現れることはないでしょう。

さらに、思わぬ見落としがあると、遺言書の効力が生じないこともあります。したがって、作成した遺言書については、念のため、弁護士、行政書士などの専門家にチェックを依頼することが望ましいかもしれません。

ポイント②後継者が見つからなければ「M&A」も考える

次は、事業承継です。

事業承継に際しては、経営権だけでなく、クリニックの設備など事業資産の引き継ぎも行われます。クリニックの後継者が親族の場合であれば、資産の引き継ぎについて、それほど大きな問題は生じないでしょう。

しかし、後継者が親族以外の者となる場合には、資産を無償で譲るのか、売却するのかを検討しなければなりません。そして、売却する場合には、その対価をいくらに

図表6-2　後継者不在の業種ランキング

後継者不在の割合が高い業種の1位に「無床診療所」、2位に「歯科診療所」、18位に「有床診療所」がランクインしている

主業別上位順

	主業別	後継者不在企業（件）	全企業（件）	不在率
1	無床診療所	1,057	1,171	90.3%
2	歯科診療所	284	318	89.3%
3	劇団	450	513	87.7%
4	あん摩はり等施術所	171	196	87.2%
5	バー、ナイトクラブ	93	108	86.1%
6	デザイン業	624	728	85.7%
7	ディスプレイ業	567	665	85.3%
8	広告制作	1,264	1,498	84.4%
9	経営コンサルタント	2,508	2,975	84.3%
10	その他の中古品小売り	180	214	84.1%
11	民営職業紹介	256	307	83.4%
12	通信付帯サービス	455	553	82.3%
13	生命保険媒介業	132	161	82.0%
14	映画・ビデオ制作	722	881	82.0%
15	屋外広告業	126	154	81.8%
16	パッケージソフト業	1,446	1,768	81.8%
17	ソフト受託開発	6,585	8,062	81.7%
18	有床診療所	688	844	81.5%
19	不動産代理・仲介業	2,122	2,615	81.1%
20	老人保健施設	267	330	80.9%

出所：帝国データバンク「後継者不在企業の実態調査」をもとに作成

するのかについても考える必要があります。

そもそも、近年、地方のクリニックなどでは後継者不足の問題も起こっています。子どもを医大に入れたのはよいものの、「東京の大学病院でガン治療などの先端医療を手がけたいので戻らない」というようなケースも見られます。

地域医療への影響を考えれば、後継者がどうしても見つからない場合でも廃院は避けることが望ましいといえます。一つの選択肢として、他のクリニックに経営を譲り渡すことも、すなわちM&Aも前向きに検討すべきでしょう。

ポイント③「認定医療法人制度」の活用という選択肢もある

なお、現在、持分あり医療法人の形で開業している場合には、事業承継を行う際に相続税の負担が重くなるおそれがあります。

それを防ぐためには、持分のない医療法人に移行するという手段もありえるところですが、この方法をとった場合、今度は多額の贈与税を支払わなければならなくなるかもしれません。

図表6-3　認定医療法人制度の要件

・持分なし医療法人への移行計画について社員総会で議決する
・移行計画が有効かつ適切なものである
・移行期限が、認定の日から3年を超えない範囲である

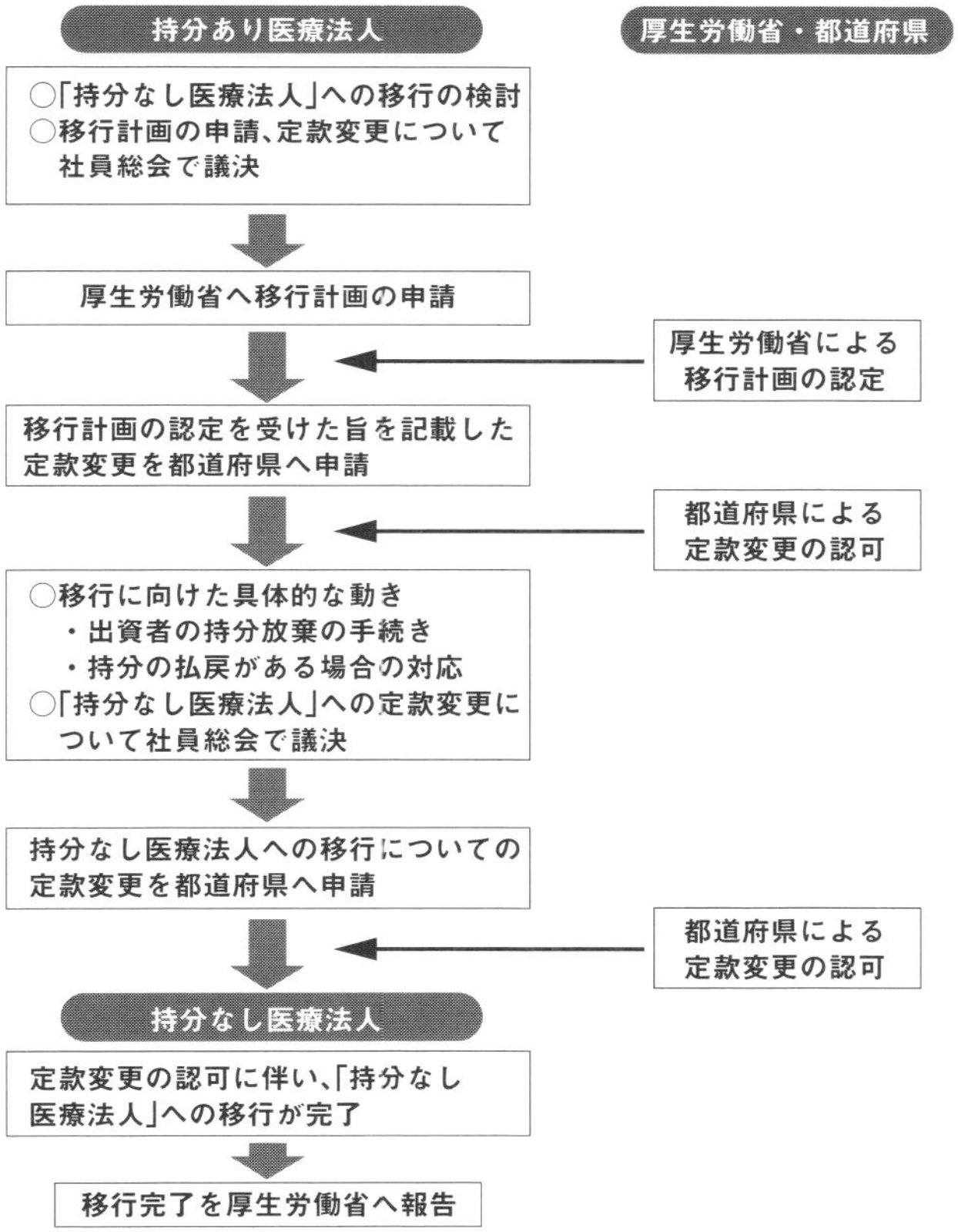

出所：厚生労働省「持分なし医療法人」への移行促進策のご案内」をもとに作成

そこで、こうした税務上の問題を回避する策として、認定医療法人制度を活用するという選択肢が考えられます。同制度は平成26年に新設されたもので、所定の要件(図表6－3参照)を満たせば、相続税や贈与税の納税猶予が認められることになります。もっともそれらの要件を満たすことは容易ではありませんし、そもそも「相続税を支払っても構わないから、持分のある医療法人のまま事業承継をしたい」という方もいるでしょう。

いずれにせよ、トラブルなくスムーズに事業承継を進めるためには、5年、10年という長期的な視点で取り組むことが求められます。不動産投資と同様、準備を開始するのに早すぎることはないはずです。

ポイント④税務調査による数百万、数千万の追徴課税に要注意

最後は、税務調査です。

税務調査は、税務申告に誤りや不正がないかをチェックするために、国税局や税務署によって行われる行政調査です。

税務調査を通じて、万が一、申告漏れなどが指摘されることになれば、本来の税金に加えて、さらに次に挙げるような3種類の税金がペナルティとして課されるおそれがあります。

①延滞税

法定の期限までに税金を納めなかったときに課される。納期限の翌日から納付する日までの日数に応じて、利息に相当する税金を支払わなければならない。

②過少申告加算税

申告書を法定の期限内に提出したものの、本来申告すべきだった額よりも少ない額しか納付していなかった場合に課される。

③重加算税

税額の計算の基礎となる事実に関する隠ぺいや仮装等を行って、実際よりも少ない納税額の申告書を故意に提出した場合等に課される。

これらのペナルティの額が、すなわち追徴課税の額が数百万円、数千万円になるこ

図表6-4　法人税の実地調査の状況

平成26年の税務調査の件数、申告漏れを指摘された法人税の金額、調査による追徴税額はいずれも前年に比べて増加している

項目＼事務年度等		25 件数等	25 前年対比	26 件数等	26 前年対比
実地調査件数	1	千件 91	% 97.2	千件 95	% 104.9
非違があった件数	2	千件 66	% 96.8	千件 70	% 106.1
うち不正計算があった件数	3	千件 17	% 98.4	千件 19	% 110.2
申告漏れ所得金額	4	億円 7,515	% 75.2	億円 8,232	% 109.6
うち不正所得金額	5	億円 2,184	% 79.2	億円 2,547	% 116.7
調査による追徴税額	6	億円 1,591	% 75.8	億円 1,707	% 107.3
うち加算税額	7	億円 244	% 76.6	億円 277	% 113.6
不正発見割合 (3/1)	8	% 18.6	ポイント 0.3	% 19.5	ポイント 0.9
調査1件当たりの申告漏れ所得金額 (4/1)	9	千円 8,286	% 77.4	千円 8,655	% 104.5
不正1件当たりの不正所得金額 (5/3)	10	千円 12,978	% 80.5	千円 13,734	% 105.8
調査1件当たりの追徴税額 (6/1)	11	千円 1,754	% 78.0	千円 1,795	% 102.3

出所：国税庁「平成26事務年度　法人税等の調査事績の概要」をもとに作成

とも珍しくありません。申告漏れはちょっとした不注意でも起こりえますが、その結果は、資産にとてつもないダメージを与えることになるかもしれないのです。

税務調査のリスクを軽減させる方法

以上のような税務調査のリスクを軽減するためには、①調査を避けるための対策と、②調査に入られた場合を想定した対策の両方を意識しておくことが求められます。

まず、①に関しては、そもそも税務署がどのように調査対象を決定しているのかを把握しておく必要があるでしょう。

税務調査に関しては、「今年は○件の成果を上げる」などといった年間のノルマが存在しており、そのノルマをこなすために「調査すればボロが出るはず」と思われる相手を調査対象に選ぶといわれています。

そして、調査対象の選定には、国税庁に置かれているデータベースが利用されていると推測されています。

このデータベースでは、業種ごとに、売り上げや粗利、役員報酬等の平均値がデータ化されており、同業他社の平均値と比較して極端に差のある法人等をチェックできる仕組みになっているようです。

たとえば、資産管理法人の役員があまりにも高額の役員報酬を受け取っているような場合には、データベース上で「怪しい」と示されるわけです。

そこで、対策としては、家族を役員や従業員にした場合、役員報酬や給与を平均よりも過度に多く与えないようにするなど、申告書の数字に対して十分な配慮を行うことが重要になります。

一方、②調査に入られた場合を想定した対策に関しては、資産管理法人等の活動についてこまめに書面で記録しておくことが求められるでしょう。

たとえば、税務調査の際に、調査官から「役員は何も仕事をしていないのにこんなに高額の給料を払う必要があるのか」などと追及を受けることがあります。しかし、役員会を毎月定期的に開き、なおかつその中身を議事録の形で記録しておけば、それを示して「役員はしっかりとこれだけの仕事をしている。だから給料は適正だ」と、正面から反論することができます（仮に「書かれていることは偽りだ」と疑われたとしても、文書の虚偽性を立証する責任は税務署の側にあります）。

このような対策を心がけることで、税務調査によって不動産投資で得た資産を失うリスクを大きく軽減することが期待できるはずです。

セカンドライフをどう楽しめばいいのか分からない方のために

相続問題、事業承継、税務調査――これらの課題に対する心構え・対策も十分に整えられたら、あとは第二の人生を思う存分楽しむだけです。

セカンドライフの楽しみ方は人それぞれになるでしょう。

ゴルフや旅行など趣味をお持ちの方なら、それを心ゆくまで堪能されるかもしれません。また、「働いている間は家族と過ごす時間がまったくなかった」という人であれば、配偶者や子どもたちとの家族団欒をじっくりと味わいたいと思うかもしれません。

ただ、中には「とにかく医師は辞めたいが、その後で何をしたらよいのか分からない」という人もいるかもしれません。

そのような方々のために、ご参考までに、「たとえば世の中にはこのような楽しみもある」という例を二つほどご紹介しましょう。

「競走馬オーナー」――心からの喜びと感動を得られる

まず、はじめは〝競走馬（サラブレッド）のオーナー〟になることです。

欧米では馬主になることは、富裕層の人たちにとって一つのステータスになっていますが、日本でも同様です。東証一部上場会社である図研の代表取締役、金子真人氏や、演歌歌手の北島三郎さん、元メジャーリーガーで〝大魔神〟の異名を持つ佐々木主浩さんなど錚々たる方たちが、〝馬主生活〟を楽しんでいます。

自らが選び、成長を見守り続けた愛馬がレースで活躍する姿を目にすることは心からの喜びと興奮、感動をもたらしてくれるはずです。しかも、ダービーや有馬記念のような世間の人々の注目も集める大レースで勝つようなことがあれば、オーナーとしての大きな栄誉と深い満足感も得ることができるでしょう。

さらにいえば、競走馬をもつことは、資産運用手段としても大きな可能性を秘めています。

まず、サラブレッド一頭の〝維持費〟は、餌代などを含めると、月約40万円かかります。また、レースに出走させるためにはトレーニングセンター（競走馬の管理・調教等を行う施設）に入れなければならないので、さらに20万円が必要になります。

一方、レースに持ち馬が出走した場合には、図表6－5に挙げたような出走手当が支給されます。つまり、勝敗にかかわらず、レースに出すだけで約40万円は確実に手に入るわけです。

ということは、仮に月2回出走させることができれば80万円の収入を確保できるので、60万円の費用を差し引いても20万円の利益が手元に残る計算になります。

サラブレッドの値段はピンからキリまであり、高いものでは数億円にもなりますが、

図表6-5　出走手当（正式名称は「特別出走手当」）

競　　走		東京競馬、中山競馬、京都競馬および阪神競馬の出走馬	その他の競馬の出走馬
重賞競走		425,000円	412,000円
重賞競走以外の特別競走		416,000円	403,000円
一般競走	1勝以上の競走	412,000円	399,000円
	新馬・未勝利競走	397,000円	384,000円

※芝コースにおいて行う距離1,800メートル以上の平地競走〔3（4）歳以上馬競走に限る〕に出走した馬の馬主には、上表の金額に50,000円を加算して交付
※障害競走に出走した馬の馬主には、上表の金額に10,000円を加算して交付

なお、手当が減額されたり、不交付となる場合もある。たとえば、減額されるのは出走馬が以下のような場合。

・競馬番組で特に定めた競走以外の平地競走に出走した6歳以上の収得賞金500万円以下の馬（収得賞金200万円未満の中央馬を除く）

・平地競走に出走した5歳の収得賞金200万円未満の馬

・第4回中山競馬および第4回阪神競馬の平地の未勝利競走に出走した3歳の未出走馬および未勝利馬

・第4回東京競馬および第4回京都競馬の平地競走に出走した3歳の未出走馬および未勝利馬

など

出所：CARROT CLUBウェブサイトをもとに作成

安いものなら数十万円から購入可能です。100万円程度の馬を購入して、走らせ続ければ1年で黒字になるでしょう。

しかも、レースで好成績を上げれば、多額の賞金ももらえます。たとえば、外国の強豪馬も参戦するジャパンカップで優勝すれば、何と3億円の賞金を手にすることができるのです。

さらに、牡馬の場合には種牡馬として、牝馬の場合には繁殖牝馬となって、引退後も子どもを作り「お金を稼いでくれる」可能性があります。

このように、運が味方すれば、馬主になることで億単位の利益を手にすることも夢ではありません。

馬主になるための3つの方法

馬主になるための方法もご紹介しておきましょう。

現在、JRAで競走馬のオーナーとなる手段としては、個人・法人・組合の3つのタイプがあります。

個人馬主は個人の名義で、法人馬主は競馬事業を目的とする法人を設立して馬主登録するものです。また、組合馬主は3名以上10名以下の人が出資し、共同の競馬事業を行うことを定めた契約を結ぶことによって成立する組合の名で馬主になります。

それぞれ、以下のような経済要件が定められています。

①個人馬主
今後も継続して得られる見込みのある所得金額（収入金額ではない）が過去2カ年ともに1700万円以上、所有資産が7500万円以上あること。
②法人馬主
代表者の所得・資産が個人馬主と同じ。法人の決算については過去2期の決算状況や剰余金の状況等が審査の対象となる。
③組合馬主
各組合員について今後も継続して得られる見込みのある所得金額（収入金額ではな

い）が過去2カ年ともに900万円以上であり、かつ組合名義の資産が1000万円以上あること。

なお、馬主登録に際してかかる費用は、馬主登録料の1万円と馬主登録後の登録免許税（国税）9万円などです。

馬主に関してより詳しい情報を得たいのであれば、JRA本部（競走部馬主登録課）に問い合わせるか、JRAのサイト（http://jra.jp/owner/）をご覧ください。

「美術コレクション」——眺めて楽しい、儲けてなお楽しい

また、馬主と同様に実益を兼ねられる趣味としては、美術品のコレクションも面白いかもしれません。

美術品は眺めて楽しめるだけでなく、資産運用の手段としても大いに活用できます。

実際、世界の富裕層はインフレ対策などを目的にポートフォリオの中に美術品を組み入れることを当たり前のように行っていますし、また、美術品を中心にしたファンド（投資信託）も活発に運用されています。

しかも、美術マーケットは、目下、かつてないほどの活況を呈しているところです。2013年には現代美術の巨匠、フランシス・ベーコンの作品が約141億円で、2015年にはピカソの「アルジェの女たち」が約215億円で落札されるなど、オークションで売却される美術品の最高価格が更新され続けています。

また、思わぬ〝お宝〟をつかむことができるかもしれないのが、美術品を収集する醍醐味です。たとえば、2008年にニューヨークで開かれたオークションに鎌倉時代初期の仏師・運慶の作と見られる「大日如来像」が出品され、約14億円で落札されました。

出品したのは日本の会社員で、当時の報道によれば「会社員が給料で支払える程度の金額」で古美術商から購入したそうです。正確な購入金額は不明ですが、買ったときの数百倍以上の資産がもたらされたことは間違いありません。

さらに、世界的に有名な日本の現代アーティスト、奈良美智氏の作品は20年前であ

図表6-6　2015年に香港で開かれた奈良美智氏の展覧会案内ウェブサイト

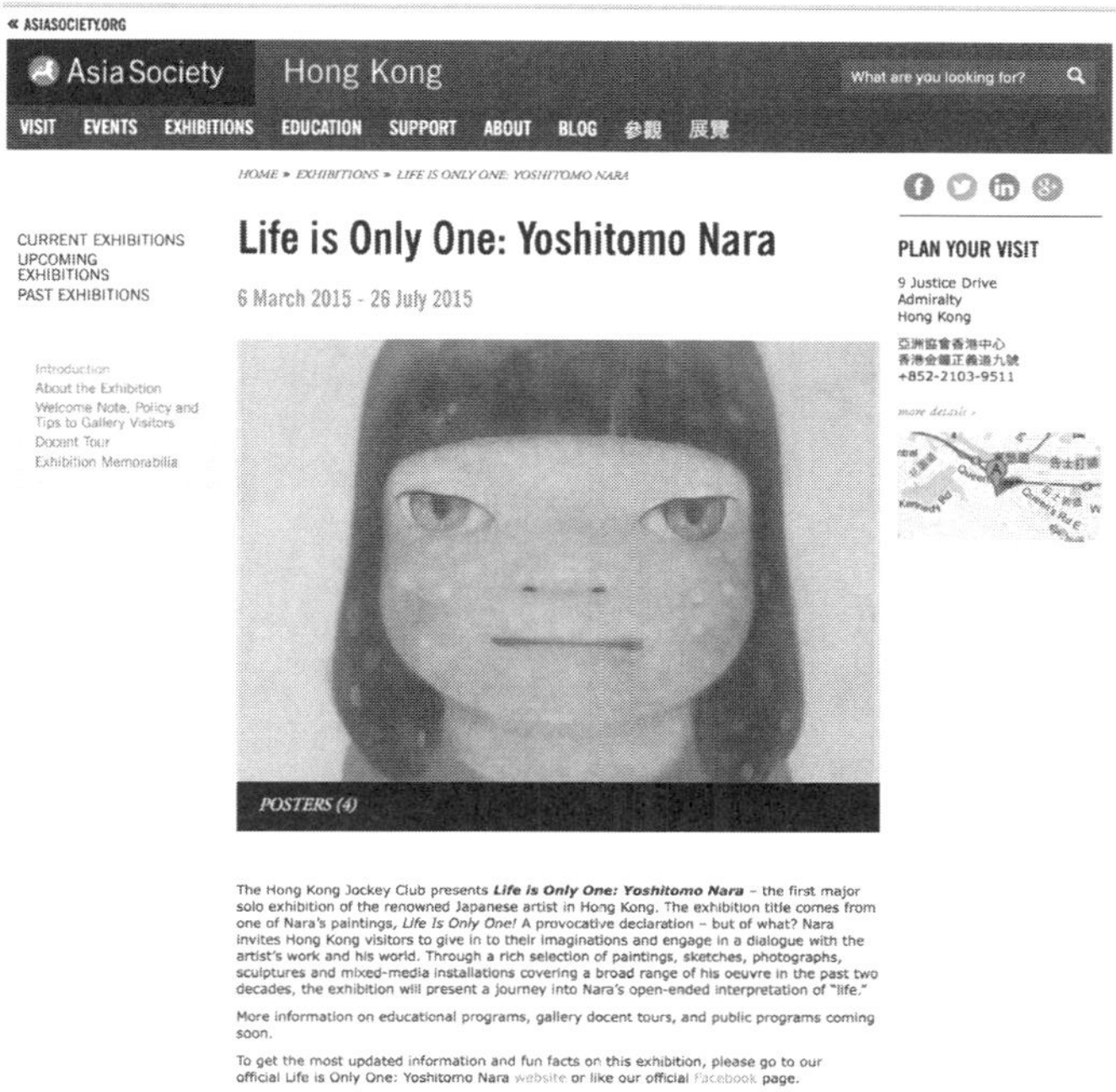

« ASIASOCIETY.ORG
Asia Society
Hong Kong
What are you looking for?
VISIT EVENTS EXHIBITIONS EDUCATION SUPPORT ABOUT BLOG 參觀 展覽
HOME » EXHIBITIONS » LIFE IS ONLY ONE: YOSHITOMO NARA
CURRENT EXHIBITIONS
UPCOMING EXHIBITIONS
PAST EXHIBITIONS
Introduction
About the Exhibition
Welcome Note, Policy and Tips to Gallery Visitors
Docent Tour
Exhibition Memorabilia
Life is Only One: Yoshitomo Nara
6 March 2015 - 26 July 2015
POSTERS (4)
PLAN YOUR VISIT
9 Justice Drive
Admiralty
Hong Kong
亞洲協會香港中心
香港金鐘正義道九號
+852-2103-9511
more details »
The Hong Kong Jockey Club presents Life is Only One: Yoshitomo Nara – the first major solo exhibition of the renowned Japanese artist in Hong Kong. The exhibition title comes from one of Nara's paintings, Life Is Only One! A provocative declaration – but of what? Nara invites Hong Kong visitors to give in to their imaginations and engage in a dialogue with the artist's work and his world. Through a rich selection of paintings, sketches, photographs, sculptures and mixed-media installations covering a broad range of his oeuvre in the past two decades, the exhibition will present a journey into Nara's open-ended interpretation of "life."
More information on educational programs, gallery docent tours, and public programs coming soon.
To get the most updated information and fun facts on this exhibition, please go to our official Life is Only One: Yoshitomo Nara website or like our official Facebook page.

れば数万、数十万円で手に入りました。しかし、今はその100倍以上に価値が上がっているものも少なくありません。

もしかしたら10万円で買ったこの作品が、1000万いや1億になるかもしれない――美術品コレクションという趣味は、そんなわくわくするような大きな期待と夢も抱かせてくれるのです。

楽しんでこそ人生！　今すぐ不動産投資を

「人生は短く、学芸は長い」

医学の祖といわれるヒポクラテスのこの名言の中で示されているように、人生はあっという間に終わりを迎えます。

前半生を医師として生き、世のため、人のために精いっぱい尽くしてこられたのですから、後半生は自分のために時間を使ってもバチはあたりません。

「楽しんでこそ人生」です。

仕事に追われるだけの一生だった、自分は一体何のために生まれてきたのだろう……。

そんな悔いを残さないためにも、さあ、今すぐ不動産投資を始めましょう！

おわりに

本書の中ではたびたび専門家選びのポイントについて触れてきました。

それは、不動産投資を成功させるためには、信頼できる専門家をパートナーにすることが何よりも重要になると考えているからです。この点については、何度強調しても、強調しすぎることはないでしょう。

実際、これまでご相談にこられたクライアントの方々からは、幾度となく専門家に対する不平不満の声を耳にしてきました。いわく、

「問題のある不動産をつかまされた」

「節税になると勧められたが、逆に税金が高くなってしまった」

「設立代行業者に法人の設立手続きを頼んだが何もしてくれない」

などなど……。

問題のある専門家に共通しているのは、クライアントの話を聞こうとせず、一方的

に「これを買いましょう」「この案がベストです」などと自分たちの意向を押しつけてくることです。

十人十色——投資に求めるものは、一人ひとり大きく違います。クライアントの望みを心から実現したいと思うのであれば、それぞれのニーズに応じたオーダーメードのサービスを提供することが不可欠になります。型にはまったサービスを提示するだけで、事足れりとする怠惰で不誠実な専門家に依頼してしまっては、「自分が欲しているものとは違う」とフラストレーションばかりがたまり、満足のいく成果を上げられなくなるおそれがあるでしょう。

まずは何よりも、長期的な視点からクライアントの利益を考えられる専門家を、依頼者の話には全て真摯に耳を傾ける専門家をパートナーに選ぶことを強くお勧めします。

もちろん、当社も、クライアントの方々にそのように思っていただける存在であり続けるために、これからも力を尽くして参ります。

最後に、本書が、一人でも多くの医師の方々が幸福なリタイア生活を送るための一助となることを心より願っております。

2016年8月吉日

古川 晃

【著者】古川晃　ふるかわひかる
株式会社リアルコンテンツジャパン代表取締役。
行政書士法人RCJ法務総研代表行政書士。
1981年生まれ。日本大学法学部を卒業後、行政書士として複数の法律会計事務所への勤務を経た後に独立。総合経営コンサルティンググループであるRCJグループ（株式会社リアルコンテンツジャパン・行政書士法人RCJ法務総研・社労士法人RCJ労務総研他）を創設した。各士業による法務・労務・財務面のサポートを行うとともに、経営に関する助成金・補助金の支援を主事業として展開。そのほか資金調達や資金運用等のコンサルタントとしても活躍中。

【監修】白岩克也　しらいわかつや
株式会社シーレ代表取締役。
明海大学不動産学部不動産学科卒業、不動産学士を取得し土地活用最大手の大和ハウス工業株式会社に入社。流通店舗事業に携わる。地主様に対する土地活用の提案をメインとして不動産業に従事。その後賃貸、地上げ、マンション販売、仕入れの業務に携わったのち、宅地建物取引主任者を取得し株式会社シーレを創業、代表取締役に就任。その活動は国内にとどまらず、台湾、香港を中心とした海外に拠点を立ち上げるなど、グローバルな時代をリードしながら「お客様にとっての最高の価値提供」のために日々奔走している。

【執筆協力】生沼寛隆　おいぬまひろたか
税理士、社会保険労務士。生沼寛隆税理士事務所代表者。

医師がハッピーリタイアするための
不動産投資　成功バイブル

2016年8月29日　第1刷発行

著 者　古川 晃
監 修　白岩 克也

発行人　久保田貴幸

発行元　株式会社 幻冬舎メディアコンサルティング
〒151-0051　東京都渋谷区千駄ヶ谷 4-9-7
電話 03-5411-6440（編集）

発売元　株式会社 幻冬舎
〒151-0051　東京都渋谷区千駄ヶ谷 4-9-7
電話 03-5411-6222（営業）

印刷・製本　シナノ書籍印刷株式会社

検印廃止

ISBN 978-4-344-99463-8　C2033
幻冬舎メディアコンサルティング HP
http://www.gentosha-mc.com/